Bettine Reichelt
Im Labyrinth des Lebens

Bettine Reichelt

Im Labyrinth des Lebens

Mitten im Alltag:
Wege zur Gelassenheit

Meditationen & Gebete

benno

Dank

Mein besonderer Dank gilt den Eltern und Kinder des Eltern-Treffs der Paulusgemeinde Leipzig-Grünau und dem Verein „Labyrinth für Leipzig e. V.". Ohne sie wäre dieses Buch ein anderes geworden.

Bibliografische Information der Deutschen Nationalbibliothek
Die Deutsche Nationalbibliothek verzeichnet diese Publikation in der Deutschen Nationalbibliografie;
detaillierte bibliografische Daten sind im Internet über http://dnb.n-db.de abrufbar.

**Besuchen Sie uns im Internet unter:
www.st-benno.de**

ISBN 978-3-7462-3048-1

© St. Benno-Verlag GmbH
Stammerstr. 11, 04159 Leipzig
Umschlaggestaltung: Ulrike Vetter, Leipzig
Umschlagabbildung: © Ecoasis/Shutterstock
Gesamtherstellung: Kontext, Lemsel (A)

Inhalt

Neu entdeckt

Wenn wir wüssten, dass die Welt
ein Labyrinth ist, dann wüssten
wir, dass es ein Zentrum gibt.
Egal ob dort etwas Schreckliches
wie der Minotaurus oder etwas
Göttliches wohnt. Aber es gäbe
ein Zentrum. Wenn wir hingegen
annähmen, dass die Welt Chaos
sei, dann wären wir wirklich verloren.

Jorge Luis Borges

WENN WIR WÜSSTEN ...

Das Labyrinth gehört zu den ältesten Symbolen der Menschheit. Es ist Rätsel, Geheimnis, ein Symbol: *Ein* Weg führt sich windend zur Mitte, die Ende des Weges und Anfang des Rückweges ist. In den letzten Jahren erlebte dieses Symbol eine ungeahnte Wiederentdeckung. Das Labyrinth begleiteten und begleiten durch die Jahrtausende viele Deutungen: die Begegnung von Tod und Leben, Lebenswende und Neuanfang, die Suche und das Finden, das Gehen des (Lebens-)Wegs, Gehaltensein inmitten von Orientierungslosigkeit, Unterwegssein und Ankommen ...

Typisch für die Wahrnehmung des Symbols heute ist die Verwirrung der Begriffe: Labyrinth oder Irrgarten? Was ist richtig, was falsch? Gibt es eine eindeutige Antwort?

Es gibt sie nicht. Zur Entwicklungsgeschichte des Labyrinths in Europa gehört der Irrgarten, der sich vor allem in der Renaissance und im Barock großer Beliebtheit erfreute. Ob die Verwirrung der Inhalte so alt ist wie die Form selbst, muss offenbleiben. Sehr wahrscheinlich ist aber der Irrgarten eine Entwicklung der Neuzeit. Er steht in enger Beziehung mit der Umwertung des Symbols. Hilfreich ist es dennoch, zwischen beidem zu unterscheiden: Im Gegensatz zum Irrgarten besteht das Labyrinth aus nur *einem* unverzweigten, sich gewissermaßen faltenden Weg, der sich zur Mitte schlängelt.

Für Dogmatiker und Enzyklopädisten sei das Labyrinth ein Albtraum, so Helmut Jaskolski. Für Menschen aber, die ein offenes Symbol suchen, in dem sie sich selbst und ihre verwirrende Lebensgeschichte wiederfinden und das ihnen hilft zu reflektieren, ist es eine Chance. Keine Antwort wird der anderen gleichen, so wie kein Leben einem anderen gleicht. Die Texte des Buches möchten anregen und ermutigen, einen eigenen Weg zu gehen. Sie sind während meines Weges mit dem Labyrinth entstanden oder haben mich begleitet, immer aber sind sie ein subjektiver und unvollständiger Zugang und möchten vor allem eines: Einladen, selbst zu entdecken.

WURZELN UND WIND

Andrea Schwarz

mich in die Erde verwurzeln
mich gründen
in die Tiefe gehen
halten und gehalten werden
Heimat und Quelle
sein und werden
den Himmel umarmen
im Wind stehen und weit sein
sehnsüchtig bereit und offen
Blätter raunzen
Äste tanzen
liebkost – umspielt
zerzaust – gepackt
Wurzeln und Wind
Tiefe und Weite

Heimat und Herausforderung

und der Weg beginnt

1 Die Entscheidung

Alle Pilger kennen
drei Schritte der Pilgerschaft:
Der erste ist Demut,
der zweite Loslassen,
der dritte ist Empfangen.
Möge der Herr uns
nach Hause bringen.

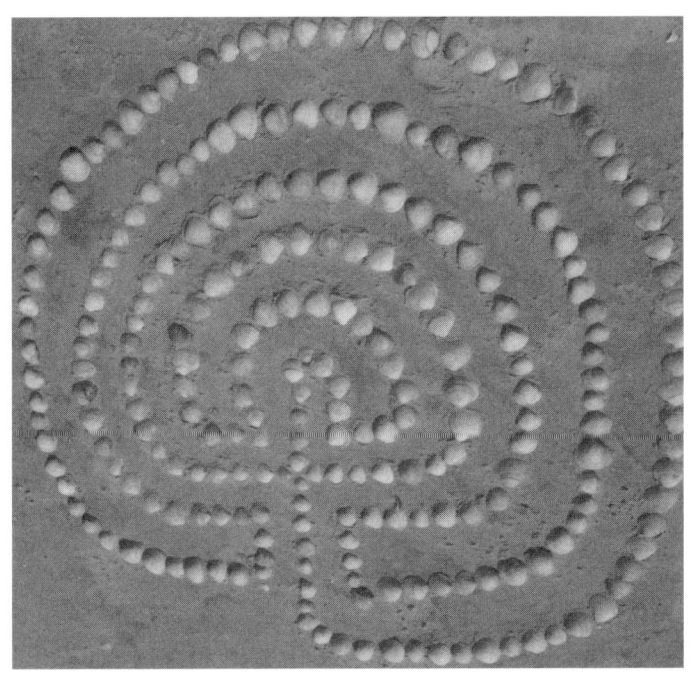

MÖGE DER HERR UNS NACH HAUSE BRINGEN …

Ob ich das Labyrinth erfahre oder nicht, hängt von einer einzigen Entscheidung ab: Gehe ich oder gehe ich nicht? Nichts anderes ist von mir gefordert als dieser erster Schritt. Alles andere fügt sich.

Aber gerade der erste Schritt ist der schwerste. Denn er stellt mich: Vieles von dem, was bisher war, wird zurückbleiben. Manches, vielleicht alles, sehe ich dann aus einem anderen Blickwinkel. Will ich das?

Meine erste Begegnung mit dem Labyrinth war ein Zufall. In einem Lehrbuch für Religionspädagogik stieß ich auf einen Bericht über ein Schulprojekt: das Anlegen und Pflegen eines Labyrinthes. Eine Stunde Religion in der Woche – und dann ein Labyrinth anlegen und pflegen? Ich fand das Projekt faszinierend – und undurchführbar. Damit war für mich das Thema erledigt. Dachte ich. Ganz entgegen meiner inneren Überzeugung aber las ich den Text immer wieder. Und sah mir die Bilder an. Kinder im Grundschulalter graben mit Begeisterung um, legen den Samen sorgfältig in die Erde, schreiten wieder und wieder den Weg zur Mitte ab, bringen die Ernte ein. Am Ende des Projektes ist es Herbst. Sie haben mehr als ein Schuljahr mit dem Labyrinth verbracht. Sie sitzen beieinander und essen das Brot, das sie aus ihrem Korn gebacken haben. Auch auf der Fläche eines normal großen Labyrinthes reift eine große Menge an Korn.

Ein langer Weg liegt hinter ihnen. Mehr als man in einem Schuljahr zu schaffen meint: eine Form für sich entdecken, einen Plan in die Tat umsetzen, für das Entstandene einstehen und es pflegen. Nicht nur einmal, sondern wieder und wieder. Der Lehrer hat sich die Zeit genommen, ein Bauer einen Teil des Feldes zur Verfügung gestellt. Und auch die Kinder haben sich dafür Zeit genommen. Immer, wenn ich die Bilder sah, den Projektbericht las, dachte ich: Wer den ersten Schritt zu diesem Projekt wagte, muss aus einem anderen Zeitalter kommen als dem unseren. Heute hat man keinen Raum für so ein Wagnis.

Oder doch? Immer wieder schaute ich auf die sichtbaren Ergebnisse. Einer hat entschieden: „Wir versuchen das." Mehr war nicht nötig. Ein Schritt, eine Entscheidung. Und das Abenteuer begann.

GOTTES REISENDE

Thomas Merton

In gewissem Sinne sind wir immer Reisende,
und wir reisen, als wüssten wir nicht, wohin wir gehen.
In einem anderen Sinn sind wir schon angekommen.
Wir können uns Gott in diesem Leben nie ganz zu eigen machen,
und deshalb reisen wir, reisen in der Dunkelheit.
Doch durch die Gnade ist er bereits unser,
und darum sind wir in diesem Sinne schon angekommen
und leben im Licht.
Doch ach! Wie weit muss ich gehen, um dich zu finden, in dem ich längst angekommen bin!

DER AUFBRUCH

Franz Kafka

Ich befahl, mein Pferd aus dem Stall zu holen. Der Diener verstand mich nicht. Ich ging selbst in den Stall, sattelte mein Pferd und bestieg es. In der Ferne hörte ich eine Trompete blasen, ich fragte ihn, was das bedeutete. Er wusste nichts und hatte nichts gehört. Beim Tore hielt er mich auf und fragte: „Wohin reitet der Herr?" „Ich weiß es nicht", sagte ich, „nur weg von hier, nur weg von hier. Immerfort weg von hier, nur so kann ich mein Ziel erreichen." „Du kennst also dein Ziel?", fragte er. „Ja", antwortete ich, „ich sagte es doch: ‚Weg-von-hier' – das ist mein Ziel." „Du hast keinen Essvorrat mit", sagte er. „Ich brauche keinen", sagte ich, „die Reise ist so lang, dass ich verhungern muss, wenn ich auf dem Weg nichts bekomme. Kein Essvorrat kann mich retten. Es ist ja zum Glück eine wahrhaft ungeheure Reise."

DIE PERLE

Gernot Candolini

Von irgendwem hören wir, dass es noch ein Kirchenlabyrinth in Deutschland geben soll. Einmal fällt der Name Würzburg, dann Ellwangen. Wir fragen uns weiter, und endlich scheinen wir auf der richtigen Fährte zu sein. In Hohenberg bei Ellwangen gibt es in der Jakobskirche ein neu eingebautes Labyrinth.

Das Pfarrhaus ist einzigartig. Der inzwischen berühmte Pfarrer und Künstler Sieger Köder hat es komplett bemalt. Auch das Innere der Pfarrkirche hat er gestaltet. Aus normalen

Fliesen hat er ein achteckiges kleines Labyrinth vor dem Altar einbauen lassen. Besonders schön ist das Mittelstück: eine bronzene Muschel mit Perle. Der Kaufmann gibt alles, was er hat, für eine kostbare Perle, so erzählt Jesus es im Evangelium. So soll es auch mit dem Reich Gottes sein. Das wirklich Kostbare soll uns alles wert sein. Ein solch radikales „Alles" ist immer schwer. Was, wenn sich herausstellt, dass man sich getäuscht hat, nachdem man alles auf eine Karte gesetzt hat? Dann hat man auch alles verloren.

Oft blockiere ich mich selbst, indem ich mir zu viele Möglichkeiten eröffne. Plan A oder B oder vielleicht sogar C. Dabei liegt es auf der Hand. Solange ich den Fuß nicht aus der Tür nehme, kann ich nicht weiterkommen. Nicht ein einziger Schritt auf dem Weg ist möglich, wenn ich Angst vor dem Verstreichen der anderen Möglichkeit habe. Und wenn ich losgehe in dem Versuch, mir ständig den Rückweg offen zu halten, komme ich eigentlich nicht von der Stelle.

Gott erhört Gebete. Und er hat auch ein ganzes Heer von Helfern: Menschen, Engel, Fügungen und auch Krisen. Aber die guten Helfer haben einen heiligen Respekt vor der menschlichen Freiheit. Solange ich selbst unentschieden bin, setzen sie nichts in Bewegung, greifen nicht wirklich ein, sie warten und unterstützen nur etwas, was man selbst auch wirklich will. Sie helfen nur dem, der sich uneingeschränkt auf etwas einlässt. Die Perle kann nur gewinnen, wer alles auf eine einzige Karte setzt.

IM LABYRINTH DES LEBENS

Auf dem Weg
Ein Weg
Ein Ziel
Und dennoch wie verloren
Zwischen Anfang
Zwischen Ende
Was mich losgehen hieß, liegt zurück
Die Mitte
Nicht erreicht
Ich bin auf dem Weg
Ich gehe
Schritt um Schritt

2 Den Weg abschreiten

Gehen.
Die einfachste Methode, um von
hier nach dort zu gelangen.
Eine außerordentlich günstige
Gelegenheit zum Meditieren.
Wenn wir dies erst einmal begriffen
haben, kommt der Rest von allein.

Theresa Mancuso

GEHEN ...

Traditionell betritt man das Labyrinth von Westen her, der Richtung des Sonnenuntergangs. In der Symbolik ist dies die Richtung des Todes. Man hat folglich symbolisch den Tod im Nacken, wenn man den Weg beginnt, und das Leben hinter sich, wenn der Weg endet. In den traditionellen Labyrinthformen bewegt man sich über sieben oder elf Umgänge auf die Mitte, den entscheidenden Wendepunkt, zu. Im gotischen Labyrinth schreitet man über elf Umwege die Form eines Kreuzes ab. In der Mitte dreht man sich einmal um die eigene Achse, nimmt damit die Fülle der abgeschrittenen Strecke in den Blick und kehrt zum Ausgangspunkt zurück.

Elf Umwege und ein Rückweg, zwölf Wege. Eine symbolische Zahl, ein symbolischer Blick auf das Leben. So entwickelten sich aus meinen Wegen die zwölf Kapitel des Buches. Zwölf Umwege, um mehr und mehr anzukommen.

Die genauen Ursprünge der Wegform liegen im Dunkeln. Sie reichen mit Sicherheit bis weit vor unsere Zeitrechnung zurück. Die bekannteste und verbreitetste Form ist noch immer das sagenumwobene Labyrinth von Knossos. Das Labyrinth wurde der Sage nach von Daidalos als Lebensort, als Gefängnis des Mischwesens Minotaurus angelegt. Sie erzählt von Ariadne und Theseus, die dem Zerstörerischen die Stirn bieten. Gibt es einen realen Kern?

In meiner Fantasie bestand das Labyrinth von Knossos immer aus einem verzweigten Tunnelsystem, tief unter der Erde. Die Vorstellung, dass Theseus in dieses Kellerverlies eintritt, hatte für mich etwas Grusliges an sich. Zugleich ist es die einzige Möglichkeit, die Geiseln aus Athen, aber auch Ariadne zu befreien. Insofern muss sich der Held dem Abgründigen stellen. Nur ein Held, der sich selbst riskiert, kann siegen, war für mich die Botschaft der Sage.

Betrachtet man die Geschichte allerdings aus historischer Perspektive, so ist unsicher, ob das Labyrinth überhaupt und in welcher baulichen Form existiert hat. Bisher fehlt ein archäologischer Nachweis. Es spricht viel dafür, dass die Form eng mit einem Tanz verbunden war. Noch heute ist, weit über das Gebiet des hellenistischen Einflussbereichs hinaus, an vielen Orten ein sogenannter Kranich- oder Jungfrauentanz bekannt. Auch in den Labyrinthen auf europäischem Boden wurden lange Zeit immer wieder Tänze aufgeführt. So ist es gut vorstellbar, dass sich die Schritte durch die Wiederholung in den Boden eindrückten. Möglicherweise gab es in Knossos nie ein Labyrinth aus Stein.

Tonfunde belegen dagegen: Die grafische Form war einst so populär, dass sie einfachen Bürgern als Zeitvertreib diente, sich aber auch in reichen römischen Häusern als Schmuckelement findet. So entdeckte man eine Tontafel mit einem kretischen Labyrinth, auf dessen anderer Seite vermutlich Abrechnungen eingeritzt waren. In Paphos auf Zypern ließ ein Provinzverwalter ein Labyrinth in der römischen Form in den Boden eines Empfangsraums einlegen. In der Mitte ist Theseus dargestellt, der den Minotaurus besiegt.

In Europa und Nordafrika ist die Entwicklung des Labyrinths vor allem christlich geprägt. Sie reicht bis ins 4. Jahrhundert n. Chr. zurück. Im Jahr 324 wurde in Nordafrika ein erstes Labyrinth in den Boden einer Kirche eingefügt. Labyrinthe fanden sich in der Folgezeit als Bodenmosaike im Eingangsbereich der Kirchen, später auch als Fingerlabyrinth an der Wand. Sie waren vor allem in Frankreich und Italien weitverbreitet.

Die Deutungen reichen vom „Weg des Büßers nach Jerusalem" oder dem „Weg des Glaubenden in die Mitte der (seiner) Welt, zu Gott" bis zum „Wandel durch Tod und Auferstehung". Wer ein Labyrinth abschritt, vollzog damit symbolisch einen Pilgerweg. Auch wenn Jerusalem für viele unerreichbar fern war, konnten sie dennoch den Weg zur Mitte, zu Gott, zu sich selbst, den Weg der Demut und Buße vollziehen.

Auch heute gilt: Bevor der Mensch an den Altar Gottes tritt, treten kann, während er die Begegnung mit dem Einen sucht, begegnet er sich selbst, dem eigenen Abgrund, dem Bösen und dem Guten in sich. Irgendwann stellt sich jeder, wie in der Sage um Ariadne und Theseus, dem (eigenen) Mut und dem (eigenen) Minotaurus.

DAS LABYRINTH DES DAIDALOS. DER MYTHOS

Alles beginnt mit einer zerstörerischen Mischung aus Gier, Neid und Sehnsucht. König Minos von Kreta bittet den Gott des Meeres, Poseidon, um einen Opferstier. Der Gott lässt ein Tier aus den Fluten steigen, das alle Erwartungen des Königs übertrifft. Dieses Tier opfern? Dazu kann sich Minos nicht durchringen. Dieses Tier soll nicht sterben. Er will es besitzen. Und so stellt er den Stier in seinen eigenen Stall. Poseidon ist verärgert. Den Göttern wird die ihnen bestimmte Gabe vorenthalten. Er beschließt, den König zu strafen, und bewirkt, dass sich Pasiphae, die Frau des Königs, unsterblich in den Stier verliebt und sich mit ihm vereinen will. Nun ist sie vom Stier besessen.

Daidalos, ein großer Künstler und Baumeister, dient am Hof

des Königs. Er floh dorthin, weil er seinen Neffen Talos ermordet hatte, der ihn künstlerisch übertraf. Er verhilft der liebeskranken Königin zu einem Stelldichein mit dem Stier. Sie wird schwanger und bringt ein Mischwesen zur Welt, ein Ungeheuer: halb Stier, halb Mensch.

Minos ist sich seiner Mitschuld bewusst. Er tötet das Halbwesen deshalb nicht, sondern beauftragt Daidalos, für das Halbwesen einen Lebensort zu schaffen, der zugleich Gefängnis ist. Und der Künstler, der um die Abgründe in der Seele weiß, schafft ein Labyrinth, aus dem er selbst, wie er sagt, kaum herausfindet.

Pasiphae und Minos werden nach der Geburt des Minotaurus zwei Kinder geboren, ein Sohn und eine Tochter. Der Königssohn zieht, als er erwachsen ist, mit in eine Schlacht gegen die Athener. Das Heer der Kreter ist siegreich, aber der Prinz, die Hoffnung des Landes, fällt in dieser Schlacht.

Die Athener müssen als Entschädigung alle neun Jahre sieben Jünglinge und sieben Mädchen nach Kreta senden. Dort, sagt man, werden sie dem Minotaurus geopfert. In der dritten Auslosung kann sich auch das Königshaus von Athen dem Anteil an der Strafe nicht mehr entziehen. Theseus, der junge Königssohn, meldet sich freiwillig: Er will sich nicht kampflos geschlagen geben. Er verspricht, bei einer glücklichen Rückkehr die schwarzen Segel des Schiffes gegen weiße zu tauschen.

Ariadne, die Tochter von Minos und Pasiphae, sieht den jungen Königssohn und verliebt sich in ihn. Theseus will sich dem Minotaurus stellen, Ariadne Theseus retten. So gibt sie ihm heimlich ein Schwert und einen roten Faden mit auf den Weg. Theseus gelingt das Unwahrscheinliche: Er tötet den Minotaurus und findet dank Ariadne den Weg aus dem Labyrinth zurück. Mit den Geiseln, die mit ihm nach Knossos kamen und nun befreit sind, und Ariadne tritt er die Rückreise nach Athen an. Auf der Insel Delos tanzt er mit Ariadne und den befreiten Geiseln. Auf der Insel Naxos lässt er Ariadne dann überraschend zurück. Die Liebe, die den Geiseln das Leben wiedergab, reicht für die beiden nicht bis zum Lebensende.

Theseus kehrt allein nach Athen zurück. In der Freude über die Rückkehr vergisst er die schwarzen Segel der Trauer gegen weiße zu tauschen. Sein Vater, der die traurige Nachricht von Theseus' vermeintlichem Tod nicht verkraften kann, stürzt sich ins Meer. Theseus, der den Heldenweg und den Weg der Liebe gegangen ist, wird neuer König von Athen.

DER THESEUSMYTHOS. EINE INTERPRETATION

Gernot Candolini

Geschichten als Seelenspiegel

Märchen und Mythen sind Geschichten über unsere Seele, manchmal an reale geschichtliche Personen angelehnt, aber nie als Geschichtsbeschreibung gedacht.

Bei König Minos beginnt die Seelengeschichte mit der Habgier. Er will den schönen Stier besitzen und nicht einem anderen opfern. Er rechtfertigt diesen Schritt mit der Aussicht, dass die Zuchtlinie des Stieres dem Wohl des ganzen Volkes diene. Aber mit diesem Argument haben schon viele ihre eigenen Interessen gerechtfertigt. Das Resultat ist die Vermischung von Menschlichem und Tierischem. Das Ungeheuer ist ein Mensch mit einem Stierkopf.

Gleich zu Beginn ein ewiges Thema der Menschheit. Wie

menschlich sind wir? Wie tierisch benehmen wir uns? Dabei wird das Böse ja nur auf die Tiere projiziert. Tiere sind nicht böse, und wenn wir sagen: Du Schwein!, so ist das genau genommen eine Beleidigung des Schweins. Aber wenn wir in uns oder in anderen das Böse bemerken, so nehmen wir gern das Wilde, das Tierische, um es zu beschreiben.

Minotaurus ist die Verkörperung des tierischen Menschen, ein Ungeheuer, eine Schande, eine Bedrohung. Er ist der „Unmensch" schlechthin, die logische Folge amoralischen Handelns. Die Rolle der Königin Pasiphae tritt in den Hintergrund, trotzdem scheint es seltsam, wie sie von einem Stier nur so besessen sein kann. Ist sie von der Verzauberung des Poseidon völlig geblendet? Lässt sie sich zu schnell von Gefühlen treiben? Ihr Name Pasiphae ist praktisch identisch mit passiv. Soll damit angedeutet werden, dass allzu passive Weiblichkeit das Tierische weckt? Die Lösung dieser Frage ist kompliziert und vielschichtig. Die Königin so ganz in die Schublade der passiven, gefühlsdirigierten Frau zu stecken, geht nicht. Dazu lässt sie sich mit zu viel aktivem Kalkül von Dädalus den „Weg" zum Geliebten bauen. Minos und Pasiphae sind beide gefangen von der Gier, Minos will besitzen, was ihm nicht zusteht, Pasiphae will geliebt und fruchtbar sein, egal um welchen Preis.

Heldenweg und Liebesweg

Theseus ist der Held der Geschichte. Er ist von reiner Tapferkeit. Er meldet sich freiwillig zum Abenteuer, er zieht fort vom Vaterhaus, um das Leben zu erobern. Aber was nützt der größte Heldenmut, wenn nicht die Liebe ins menschliche Herz einzieht?

Ariadne bewahrt Theseus nicht nur vor blindem Draufgängertum und gibt ihm das Schwert, das Werkzeug zum Siegen (allerdings nur in einigen von vielen Fassungen der Erzählung), sondern sie gibt ihm auch den Faden (in allen Fassungen), um den Weg zurückzufinden. Theseus ist ein zielstrebiger und erfolgreicher Mann. Das Böse wird rasch gestellt und zerstört. Kein großer Kampf, kein Sieg im letzten Augenblick. Wer mit solcher Energie auf ein Ziel losgeht, hat meist keine großen Gegner mehr. So einfach wird dem Minotaurus der Kopf abgeschnitten, dass man fast noch Mitleid bekommt. Was kann er auch dafür, der Arme, das Schicksalsbündel seiner Eltern. Vielleicht war er gar nicht das böse Grauen, sonder das gute Biest. So betrachtet, fällt auf, dass genau genommen die Geschichte nicht erzählt, dass Minotaurus die ausgelosten Jünglinge und Jungfrauen getötet und gefressen hat, sondern es heißt, sie wurden ihm geopfert. Wer hat also die Kinder getötet? Die Schergen des Königs? Egal, wer es war, das Böse ist Projektion, wir brauchen immer eine Figur, ein Biest, einen Menschen, eine Partei, ein Volk, eine Nation, in die wir das Böse hineinprojizieren können. Es gibt nur einen Ort, wo das Böse wirklich ist. Dieser Ort ist in uns.

Wenn man der Bedeutung des Fadens der Ariadne auf die Spur kommen will, stellt sich zunächst die Frage: Warum braucht Theseus, der den Weg nach innen scheinbar mühelos findet, eine Hilfe, um den Ausgang wiederzufinden? Für Theseus, der ja den Prototyp des tollen Mannes darstellt, ist es offenbar leichter, den Weg zu Heldentaten zu finden als den Weg zurück. Aber dieser Weg zurück ist der Weg zur Liebsten, es ist der Weg zur Liebe. Der „Heldenweg" fällt dem Mann sichtlich leichter. Kaum ist ein Ziel erreicht, sucht er ein neues, kaum ist ein Feind besiegt, sucht er den nächsten. Aber das ist nur der Weg in eine Richtung, man muss auch zurückgehen können, zu dem, was den Heldensieg erst ermöglicht hat. Liebe lässt sich weder auf Schlachtfeldern noch in Bürotürmen finden. Ohne den Faden der Ariadne würden viele Männer das nicht merken.

Das intuitive Nein

Wenn ein Sieg errungen ist, muss auch gefeiert werden. Die befreiten Geiseln tanzen mit Theseus und Ariadne auf Delos den Kranichtanz, einen Tanz der Liebe, der Lebensfreude und Erneuerung.

Warum Theseus Ariadne auf Naxos sitzen lässt, ist ein seltsamer Teil der Geschichte, denn normalerweise müsste es ja heißen: Und sie lebten glücklich und zufrieden bis an das Ende ihrer Tage. Interessanterweise unterscheiden sich an dieser Stelle die einzelnen Fassungen der Geschichte am deutlichsten. Da wird ein rascher (unreifer?) Wechsel des Helden zu einer anderen Geliebten angeboten, der Tod Ariadnes bei einer Fehlgeburt oder sie verschläft gar die Abfahrt des Schiffes usw. Deshalb bleibt der Verdacht, dass alle Versionen nachträgliche Versuche sind, etwas zu beschreiben, das letztlich nicht erklärbar ist. Es gibt manchmal in Beziehungen, die sich gerade bestens zu entwickeln scheinen, ein „Blitz-aus-Erlebnis" „Sie/Er ist es nicht!" Dieses Wissen ist glasklar und scheint aus irgendwelchen Tiefen der Seele zu kommen. In so einem Fall bleiben alle Antworten auf die Frage: „Warum hast du mich eigentlich verlassen?" auf ewig unbefriedigend.

Warum Theseus vor der Heimkehr die schwarzen Segel gegen die weißen zu tauschen vergisst, ist schon leichter zu verstehen. Der mächtige Vater wird überwunden, der Junge löst den Alten ab und wird König. Mit einem spektakulären Selbstmord wird die Frage, wie der Sohn aus dem Schatten des Vaters treten kann, auf dramatische Weise gelöst.

Das Labyrinth als Gebärmutter der Seele

Das Labyrinth ist die Gebärmutter der Seele, der Initiationsweg, der Weg der Wandlung. Es ist ein dunkler, ein schwieriger Weg. Nichts ist einfach, nichts geradlinig. Kaum meint man anzukommen, führt eine Wendung schon wieder woanders hin. Dieser Weg ist wie jedes Leben auch, damit ist das Labyrinth ein Symbol des Lebensweges. Aber er ist nicht nur schwierig und lang, man kommt auch an, wenn man nur immer weitergeht. In der Mitte ist das Ziel (nicht das Ende!). Ort der Begegnung mit dem Bösen, Ort der Erkenntnis, Ort der Umkehr. Wer umkehrt, macht den Eingangsweg zum Ausgangsweg. Nach dem Sieg über das Böse muss der Gewinn der Liebe kommen. Hinein führt ein spannender, abenteuerlicher Weg, hin auf ein Ziel. Heraus führt ein stiller, demütiger Weg, ein Weg, wo man zwar schon sagen darf: „Ich weiß", aber noch nicht am eigentlichen Ziel ist. Nur das Wissen um beide Wege, den Heldenweg und den Liebesweg, das Wissen, wie das Leben läuft, wie schwach und schuldig man selbst ist, wie wenig eine Heldentat ist, führt zur Milde, zur Barmherzigkeit und letztlich zur Liebe.

DER ERSTE WEG

Bettine Reichelt

Gestern war ich gezwungen, mir neue Schuhe zu kaufen. Am zweiten Tag des Jahres. Was für eine symbolische Handlung. Dabei hatte ich nichts weniger geplant als das. Ich mochte meine alten. Sie waren warm und praktisch. Und außerdem mittlerweile ausgetreten. Mit ihnen würde ich mit Sicherheit keine Blasen mehr bekommen. Aber der Absatz war so nachhaltig demoliert, dass es keine Rettung mehr gab. Also gut: es mussten neue sein.

Die neue sind teuer und gut und – eng. Aber sie müssen eingelaufen werden. Erste Wege also. Mein allererster Weg führte mich in den Park. Alles lag tief verschneit. Unberührt und neu. Auch das Labyrinth war unter einer Schneedecke begraben. Aber der Weg ist ja tief in den Boden eingetreten. Man wird ihn schon erkennen können, dachte ich.

Aber dem war nicht so: Die Schneedecke war gleichmäßig, dicht, unberührt. Einige Vögel waren über den Schnee gesprungen. Eine Hasenspur kreuzte, ein Fuchs war auf der Pirsch gewesen. Sonst sah man nichts von dem, was sonst zu finden war. Einige Vertiefungen erinnerten daran, dass darunter noch etwas anderes sein musste. Und unter all dem lag das, was ich suchte: Der Weg. Verborgen und doch da. Ich war fest entschlossen, ihn zu entdecken.

Die ersten Schritte waren einfach. Gleich neben dem Findling beginnt der Weg gerade auf die Mitte zu. Aber wann biegt er ab? Wie weit genau muss ich gehen, dass ich auf den alten Pfaden bleibe? Das Unternehmen stellte sich zunehmend als schwierig heraus. Manchmal ahnte ich den nächsten Schritt, manchmal halfen mir die Erhebungen. An einigen Stellen erinnerte ich mich an die Wegführung.

Aber oft genug sah ich im Gegenlicht nur eine Fläche wie aus weißer Watte vor mir. Kein Anhaltspunkt. Nichts als weiß bis zum Waldrand. Ich hätte genauso gut in dunkler Nacht gehen können. Es wäre nicht schwerer gewesen, den Pfad zu finden. Dann hätte ich noch die Chance auf den Mond und die Sterne gehabt. Hier und jetzt leitete mich nichts als die Erinnerung an einen alten Weg, von dem ich wusste, dass er da ist. Ich war gezwungen, ihn mir selbst zu bahnen. Ein Trampelpfad entstand. Holprig und ungleichmäßig. Dieser Trampelpfad war ein neuer Weg. Mein Weg mitten in der Einförmigkeit des Winters. Mein erster Labyrinth-Weg in diesem Jahr. Ein Ausspruch von Goethe kam mir in den Sinn: Was du ererbt von deinen Vätern, erwirb es, um es zu besitzen. Ein Albumspruch, den man überblättert, den ich überblättern würde. So oft gehört. Banal. Abgetreten. Aber in diesen Augenblicken hatte er Bedeutung: Der Weg im Labyrinth ein Erbe. Und ich habe es angenommen. Aber ist es ein Teil meines Lebens? Ist es wirklich mein Weg geworden? Oder plappere ich verständnisfrei etwas nach, was Leute früherer Tage eben auch gesagt haben? Was ist das für ein Weg, den ich da suche? Will ich das überhaupt? Und was heißt es, wenn ich ihn zu meinem Weg mache? Wird er mich binden, versklaven oder neue Horizonte entdecken lassen?

Das Zugedeckte, weiße, glatte; die Einförmigkeit hatte mich nicht nötig. Ich bedeutete ihr nichts, und ich hatte keinen Raum darin. Es wäre bequem gewesen, sich in dieser Gleichförmigkeit aufzuhalten, ohne sie zu gestalten. Denn sie ist ja schon. Sie existiert, auch ohne mich. Das Trampeln des Weges bedeutete vor allem für mich selbst etwas. Ich würde nichts über mich erfahren, möglicherweise nie wissen, wer ich selber bin. Und bin ich nicht deshalb aufgebrochen? Um wieder zu erfragen, wer ich bin? Wer ich in dieser Welt geworden bin und werden kann?

Mein Weg störte das Einerlei. Er störte in gewisser Weise auch mich. Ich fragte und suchte. Selbst wenn es vielleicht keine Antwort geben sollte.

Das Gehen war anstrengend. Der Schnee lag knöchelhoch. Ich schwitzte. Ich watete vorwärts. Etwas in mir ließ mich durchhalten, obwohl ich längst am Sinn meines Unternehmens zweifelte. Weiter und weiter wurde es mein Weg.

Zugleich war dieser Weg nicht nur der Meine, sondern auch eine Fortsetzung des Weges unter der Schneedecke. In gewisser Weise legte ich ihn neu an, schaufelte ihn frei, machte sichtbar, was verborgen war. Ein Weg, von den Vorvätern weitergegeben, um zur Mitte zu finden. Vielleicht war meiner unbeholfener, ungestalter als der ihre. Aber mehr und mehr trat er ans Licht, wurde offenbar.

War es richtig, einer Vorgabe zu folgen? Hatten die Vorfahren recht oder unrecht? Was würde aus mir, wenn sie geirrt hatten? Ging auch ich dann auf diesem Weg in die Irre? Natürlich: Auch der Weg der Vorväter kann ein Irrweg sein. Er kann mich abhängig machen oder sogar zerstören. Sicherheit für das die Richtigkeit gibt es nicht. Ich kann es nur herausfinden, Schritt für Schritt, ob er auch für mich Gültigkeit besitzt und zum Leben hilft. Aber vielleicht ist ein Pfad vertrauenswürdiger, den nicht nur eine Familie, eine oder zwei Generationen gegangen sind, sondern der über Jahrhunderte und Jahrtausende von verschiedenen Menschen geebnet wurde? Vielleicht erweist sich in dieser ausgeloteten Weite eher das Wahrhaftige, Göttliche, das, was mich trägt und weiter weist?

Ich überwand meine Unsicherheit und ging einfach. Gehen, suchen, aufnehmen, weitergehen. Und da war der Weg. Schon für mich da. Ich prägte ihn. Und nahm ihn zugleich auf. Und indem ich mich hindurchpflügte, nahm ich den Weg auch als meinen Weg zur Mitte an. Der Weg, den mir andere vorgelebt hatten, wurde mein Weg. Und war nun ein anderer und neuer. Wenn auch nicht völlig losgelöst aus alten Bindungen.

Als ich die Mitte erreichte, war ich geschafft und stolz. Als ob ich einen hohen Berg erklommen hätte. Dabei hatte ich doch nur einen Weg, knöcheltief, in den Schnee gegraben.

Ein altes Kirchenlied begann in mir zu singen:

Weg hast du allerwegen, / an Mitteln fehlt dir's nicht; / dein Tun ist lauter Segen, / dein Gang ist lauter Licht; / dein Werk kann niemand hindern, / dein Arbeit darf nicht ruhn, / wenn du, was deinen Kindern / ersprießlich ist, willst tun.

Paul Gerhardt. Ich dachte an seine schwere Lebensgeschichte: Bis auf eines starben alle seine Kinder sehr früh. Auch seine Frau starb eher als er. Und mir fielen seine Kämpfe um den Glauben ein, seine Loyalität, die bitteren Konsequenzen, die das für ihn hatte. Vielleicht erlebte er sein Schicksal auch oft so? Als eine Wegsuche? Vor Gott? Der Weg war ja da. Aber man war nicht in der Lage, ihn zu entdecken. Man konnte ihn nur selbst wieder herausarbeiten – mit all den Anstrengungen und Misserfolgen und Rückschlägen, die das in sich trägt.

Es war an der Zeit, nach Hause zu gehen. Der Rückweg war um vieles einfacher. Ich sah, wo ich gegangen war. Und dennoch musste ich immer wieder stehenbleiben und überlegen, mich orientieren. Die neuen Schuhe begannen zu drücken und zu reiben, die Irrwege des Hinwegs irritierten mich wieder und wieder. Aber ich wollte nicht abbrechen, wollte nicht querfeldein laufen.

Ich hielt durch. Nicht weil ich musste. Ich hätte jederzeit den kürzesten Weg wählen können. Und wäre schnell und unproblematisch zu Hause, im Warmen gewesen. Ich hätte die Schuhe ablegen und die wunden Füße pflegen können. Aber es war der Weg, der mich band, den ich mir gewählt hatte und den ich nicht verlassen wollte. Ich hatte eine Entscheidung getroffen. Und ich stand dazu.

Am Findling wand ich mich um und sah zurück: Das Labyrinth war im Schnee zu erkennen. Ein bisschen bucklig, aber es war wieder da. Das Kreuz, das ich abgegangen war, wirkte durch meinen Holperweg wie ein Pfeil, ein Pfeil, der zu Mitte wies: Dort geht es hin, da ist dein Ziel. Ich stand lange in der Abendsonne und betrachtete den Pfad. Es war ermutigend, dieses Labyrinth zu sehen. Das Jahr, ungepflügt und wenig eingelaufen wie meine Schuhe erhiel eine erste Prägung, eine Ahnung von Weg. Ein Rahmen, der mir gegeben ist, mich zu halten und zu führen.

Erfüllt von diesen Gedanken machte ich mich auf den Weg nach Hause. Noch immer fiel leise der Schnee vom Himmel. Unaufhörlich. Vielleicht war schon morgen von meinem Pfad kaum noch etwas zu entdecken. Vielleicht begann ich morgen wieder neu mit der Suche nach meinem Weg. Aber er war da. Heute wusste ich sicher, dass er da war und da sein würde. Er wird darauf warten, dass ich ihn entdecke.

DIE BRÜCKE

Hermann Einmüller

als wir die alten welten
hinter uns gelassen hatten
öffnete sich
von strudelnden wassern umtost
jäh und tief
die schlucht

doch die brücke
ein aus rauen steinen erbauter regenbogen
über des abgrunds schwärze
gespannt
leitete
auf sicherer bahn weiter
zu neuen horizonten
für hoffnungsdurstige
zukunftshungrige augen

3 Prinzip Umweg

Nicht Einmaligkeit sichert den Erfolg,
sondern ein bewusst wiederholtes
Umkreisen der Dinge.

WIEDERHOLTES UMKREISEN DER DINGE ...

Mein Weg mit dem Labyrinth endete nicht nach der ersten Begegnung. Damit hatte ich nicht gerechnet. Nur zeitweilig verlor ich das Symbol aus dem Blick. Ich vergaß, was ich gelesen hatte, ich vergaß, dass ich mich diesem Thema näher widmen wollte. Dabei hätte es bleiben können. Hätte. Irgendwann brachte sich das Labyrinth gewissermaßen selbst wieder in Erinnerung. Es begegnete mir als Thema in der Arbeit mit den Seniorinnen der Gemeinde. Aber die Vorbereitung auf diesen Nachmittag war eher ein kurzes Aufleuchten, ein Schatten von dem, was noch vor mir liegen könnte. Und schon war das Thema wieder hinter der nächsten Wegbiegung verschwunden. Erst Jahre später sollte es ein wesentlicher Teil meines Lebens und meiner Arbeit werden. Lebensweg auf Lebensweg führten mich scheinbar vom Thema Labyrinth weg und doch, ohne dass ich es merkte, zielsicher immer weiter hinein.

Das ist einer der faszinierenden Aspekte des alten Symbols. Es drängt sich nicht auf oder wird von bedeutenden Firmen beworben. Es ist einfach nur da. Die reine Existenz fordert heraus. Und seine tiefen Lebenswahrheiten. Leben ist mehr als das zielsichere Laufen auf ein einmal gewähltes Ziel zu. Es gleicht eher unzähligen Neuanfängen. Umwege, die wie Irrwege oder Kopfstraßen erschienen, sind plötzlich ein wesentlicher und sinnvoller Teil meines Lebens. Wäre ich nicht gerade an dieser Stelle scheinbar falsch abgebogen, wäre ich jenem Menschen nicht begegnet, dann wäre mein Leben völlig anders. Nichts, so vermittelt mir das Labyrinth, nichts in meinem Leben ist sinnlos, verloren oder vertan. Es ist, wie auch immer es mir erscheinen mag, ein wesentlicher und kostbarer Teil meines Lebens.

Das Gehen eines Labyrinthes lässt diese tiefe Erfahrung spürbar werden. Nie führt der Weg gerade und direkt zur Mitte, immer windet er sich. Und oft genug biegt er dann, wenn ich meine, das Ziel erreicht zu haben, noch einmal ab und führt mich ganz an den Rand meiner Erfahrungen, lässt mir das, was ich erreichen wollte, völlig fern erscheinen.

Wenn ich den Weg zur gleichen Zeit wie andere gehe, wird es vollends verwirrend. Schon nach kurzer Zeit sehe ich sie und mich gehen. Aber wer geht wohin? Wer ist auf dem Weg zur Mitte? Wer schon wieder auf dem Weg hinaus? Nur eines ist sicher: Wir gehen, wir begegnen uns und wir kommen an.

Und: Jeder ist im gleichen Recht, den Weg auf seine ureigenste Art und Weise zu gehen. Egal ob er springt oder tanzt oder schleicht. Selbst wenn er vom Pfad abgeht und einfach quer den Ausgang sucht. Auch das ist lediglich ein Ausdruck dessen, was für ihn in diesem Augenblick gut und richtig ist. Wesentlich bleibt der eigene Zugang zum Weg – bis zum Ende.

RAUM SCHAFFEN

Brain Draper

Menschen mit spiritueller Reife entwickeln täglich Rhythmen, die ihnen ein aufmerksames Zuhören ermöglichen. Suchen Sie die Gesellschaft von Menschen, die über spirituelle Weisheit verfügen, und Sie werden feststellen, dass diese selten (wenn überhaupt) angespannt wirken oder versuchen, einen bestimmten Ablauf zu erzwingen. Das ist die geistige Haltung, die Sie auf Ihre eigenen Momente der Reflexion übertragen sollten. Die meisten Menschen leisten sich nur dann Momente der Ruhe und des Rückzugs, wenn sie Anleitung für ihr Leben suchen, Antwort auf die Frage, welche Richtung sie einschlagen oder welchen Weg sie wählen sollen, zum Beispiel weil eine berufliche Veränderung, ein Umzug oder eine finanzielle Entscheidung anstehen. Doch die bedeutungsvollsten Momente des Erwachens ergeben sich häufig, wenn wir bereit sind, diese Frage des „Wohin jetzt?" oder „Was nun?" loszulassen. Tatsächlich müssen die meisten von uns sehr vieles loslassen, bevor sie neue Aufgaben übernehmen können.

Deshalb sollten wir in mindestens zweierlei Hinsicht Raum in unserem Leben schaffen. Wir müssen Überflüssiges beseitigen, damit die leise, sanfte Stimme zu uns durchdringen kann. Doch während wir „aufräumen", müssen wir gleichzeitig darauf vorbereitet bleiben, dass sich dieser Prozess des „Raumschaffens" immer weiter fortsetzt – wir müssen erkennen, was wir erst aufgeben müssen, damit wir unseren Weg mit leichterem Gepäck fortsetzen können. Wie der Dichter, Priester und Mystiker John O'Donohue einmal schrieb, bewegen sich die meisten von uns in einem solchen Dickicht des Überflusses, dass sie die eigentlichen Konturen der Dinge nicht mehr erkennen. Das Dickicht muss gerodet werden, damit wir sehen, wo wir sind und wer wir sind. Erst wenn wir unser Leben vom Banalitätsgestrüpp befreit haben, können wir lernen, die Stimmen der eigenen Seele zu vernehmen und „uns selbst zu belauschen". Wo Verwirrung herrscht, gibt es keine klare Perspektive mehr. Wenn wir die „Lichtung" in unserem Leben erweitern wollen, dürfen wir uns nicht an gewohnte Pläne und Programme klammern, doch genauso müssen wir uns davor hüten, uns zu stark an die Erfahrungen, die der neue Freiraum eröffnet, zu „binden". Sonst versuchen wir, am Ende zu besitzen, was uns nicht gehört, oder beten die Erfahrung als solche an und fixieren uns auf die Stimme und nicht auf das, was sie zu sagen hat.

Innehalten, um nachzudenken

Halten Sie einen Augenblick inne, um nachzudenken: Wann haben Sie zuletzt einen Moment des Erwachens erlebt? Vielleicht ist es erst wenige Wochen her. Vielleicht liegt es auch schon Jahre zurück. Was ist geschehen? Wie ist Ihnen dieses Erwachen bewusst geworden? Durch wen oder was wurde es ausgelöst? Was haben Sie empfunden?

Haben Sie diesen Moment der Klarheit genutzt, um Ihr Handeln zu verändern? Wenn ja, was ist geschehen?

Wenn nicht, was hätte geschehen können? Wie hätte sich Ihr Leben verändern können, wenn Sie gehandelt hätten?

MANCHMAL

Anonymus

Manchmal komme ich an einen Punkt
und ich denke, da war ich schon mal.
Manchmal stehe ich an einem Ort,
da ist mir vertraut das Gelände.
Manchmal singe ich ein Lied,
und die Weise ist mir bekannt.
Manchmal höre ich ein Wort,
und ich denke, das dachte ich schon mal,
das bewegte doch schon mal mein Herz und trug
und tröstete mich.

Was ist der Lebensweg für ein Weg,
an dem man sich selbst wiedertrifft:
Irrweg, Umweg – oder doch nicht?

Das Bekannte neu erkannt,
das Bewusste neu bewusst,
das Gelernte neu erfahren.

Der Weg geht nach innen,
in tieferen Ringen,
in dem du am Ende
das Ziel umschließend
umschlossen bist.

Es geht der Weg nicht gerade
und immer hinauf;
Steigung und Stufen und Neigung und Tal.
Und Kehre und Wende, Kurve und Winkel
und Irrweg und Umweg und Ausweg einmal.

Was dir im Gehen nie genügt,
erfährst du im Innern:
der Weg ist gefügt.

MACH MICH SEHEND

Theresia Hauser

Mein Gott
Bewahre mich vor Selbsttäuschung
vor dem Daheimsein im Gewohnten
Vor der fadenscheinigen
Rechtfertigung
Dir gefalle dies und auch jenes
weil es eben mir gefällt
Stürz mich in das Feuer
der Reue
Schüttle mein Unterstes
zu oberst
Kehre mich um
damit ich sehe
wer ich vor dir bin
im Angesicht des anderen

wunder wartet

wir warten
auf wunder
sprechen uns frei
von schuld
sprechen die andern schuldig
wir lassen uns treiben
vom wind
er lässt uns fallen
das wunder
wartet auf uns

Rose Ausländer

WUNDER WARTET ...

Auch wenn die kulturelle Wurzel des Labyrinthes im Mittelmeerraum liegt, hat es doch weltweite Verbreitung gefunden. Das Labyrinth ist somit auch ein Ort der Begegnungen. Kulturen trafen in diesem Symbol aufeinander, nahmen Gedanken der anderen auf, veränderten die Form, ohne den Inhalt je wirklich zu verlieren. Das griechische oder kretische Labyrinth hat sieben Umgänge. In römischer Zeit wurde aus den sieben Umgängen des klassischen Labyrinths ein gewundener Weg. Die Orientierung an der Mitte löste sich auf zugunsten des Abschreitens der vier Himmelsrichtungen. Jeder der vier „Sektoren" musste zunächst ganz durchschritten werden, bevor die Mitte erreicht werden konnte. Dabei blieb dennoch der Gedanke der griechischen Sage von Theseus, Ariadne und dem Kampf mit dem Minotaurus prägend. Mit der Veränderung der Form des Weges scheint aber auch ein Verlust an Inhalt verbunden gewesen zu sein. Das Labyrinth verkam in römischer Zeit zum – wenn auch kunstvoll ausgeführten – Ornament.

Das noch vergleichsweise junge Christentum gab dem Labyrinth wieder eine neue symbolische Bedeutung. In der Zeit der Gotik erlebte es eine neue Blütezeit. Es findet im gesamten christlichen Bereich Verbreitung, sowohl auf dem Gebiet der späteren „Westkirche", der römischen Kirche, als auch auf dem Gebiet der orthodoxen und orientalischen Kirchen. Das älteste erhaltene Labyrinth findet sich in der Reparatuskirche in Al-Asnam (Orleansville, Algerien); es stammt aus dem Jahr 324. Das Bodenmosaik ist ein römisches Labyrinth und hat als Zentrum ein bemerkenswertes Buchstabenlabyrinth: Santa Ecclesia. Die heilige Gemeinschaft der Herausgerufenen, die Kirche, ersetzt den sonst an dieser Stelle meist zu findenden Kampf zwischen Theseus und dem Minotaurus. Die Deutungen dieses Spiels mit Worten sind vielfältig. Wer mit dem alten Symbol vertraut war, erhält eine neue Orientierung: Ziel des Weges, das Zentrum ist nicht mehr der Tod, sondern das neue Leben; oder das Kreuz, das die Worte ergeben, zeigt, wohin der Weg des Kreuzes führt: in eine neue Gemeinschaft. Das Leben jedes Menschen ist umgeben von der Welt, von einem verwirrenden Weg des Lebens. Er führt aber letztlich zu dem einen Zentrum, der Herrschaft Gottes. Augustinus (354–430), Bischof in Nordafrika und theologisch prägend wie kaum ein anderer Theologe seiner Zeit, bedachte den Gedanken des Gegensatzes zwischen der Herrschaft Gottes und dem Reich der menschlichen Herrschaften ausführlich in seinem Spätwerk *de civitate dei* (Vom Gottesstaat).

Die Blüte des Labyrinths in der Gotik. Das Symbol wird gestaltet und gedeutet wie kaum je zuvor. Das Kreuz ist *das* Gestaltungsmoment. Im römischen Labyrinth trat das Umkreisen der Mitte zugunsten des Abschreitens der vier Himmelsrichtungen zurück. Nun wird die enge Verbindung von Kreis und Quadrat zugunsten des Kreuzes aufgegeben. Es liegt geradezu über allem. Daneben finden sich aber dennoch immer wieder Labyrinthe in der „alten", kretischen Form. Das bekannteste Mosaik aus dieser Zeit ist wohl das der Kathedrale von Chartres.

Doch die Zeit bleibt nicht stehen. Und so vergeht die Blüte des Symbols und macht einem neuen Umgang Platz. Der Aufbruch aus dem Mittelalter hin zur Neuzeit bedeutete auch einen Verlust: Die tiefe Sinnhaftigkeit der Symbole gerät in Vergessenheit. Wissen ist gefragt. Sachlichkeit, Prüfbarkeit. Das Herz verliert gegenüber den neuen Möglichkeiten der Weltbeherrschung. Und so verliert auch das Labyrinth. Mehr und mehr sieht man darin ein negatives Symbol: Die Verwirrung überwiegt. Der Irrgarten entsteht und dominiert vor allem die Gartenkultur. Die Labyrinthe, die sich vielfach in den Eingangsbereichen von Kirchen fanden, werden entfernt. Die Kinder, die jahrhundertelang ungestört dort spielten, sind nun zu laut. Man muss ihnen und ihrem Weg, die Welt zu erfahren, Einhalt gebieten.

Ausgerechnet in der Folge der französischen Revolution beginnt man sich neu auf die alte Form zu besinnen und wenigstens einige der Kirchenlabyrinthe vor der Vernichtung zu bewahren. Und so überdauert das Symbol, still und stetig anwesend in seiner Aussagekraft, bis es allmählich im ausgehenden 20. Jahrhundert wieder an Bedeutung gewinnt.

Im März 2007 war es dann auch für mich so weit. In einem Eltern-Treff entstand die Idee, gemeinsam mit den Kindern ein Labyrinth anzulegen. Wir hatten wenig Ahnung, worauf wir uns da einließen. Es war nur eine Idee, nichts weiter, und wir begannen verschiedene Formen zu betrachten, über Sinn und Unsinn eines solchen Symbols neben unserer Kirche zu diskutieren. Schon bald war uns klar, dass „unser" Labyrinth leben, blühen sollte. Deshalb wählten wir einen Ort auf dem Rasen, der geschützt genug lag, dass die Blumen – hoffentlich – bis zur Blüte wachsen konnten und zugleich aus den Kirchenfenstern zu sehen war. Wir planten unser Blumenlabyrinth für ein Jahr. Mehr schien uns aus eigenen Kräften nicht realisierbar. War es für mich das Betreten des Symbols? Oder befand ich mich bereits an einer der vielen Abzweigungen? Ich hätte es nicht zu sagen gewusst. Für uns alle aber war es ein neuer Aufbruch, ein Lernweg, ein Abenteuer.

ZU SICH SELBST FINDEN

Notker Wolf

Sie sind also aufgebrochen, Sie haben sich auf das Wagnis eingelassen. Was wird Sie alles erwarten? Was und wer wird Ihnen begegnen? Mit etwas Bangen sind Sie losgezogen, und auf einmal haben Sie erlebt, was es heißt, Mut zu haben. Sie erleben sich neu. Sie gelangen in die Stille, Sie haben Zeit, mit sich selbst zu reden. Ja, Sie erleben sich selbst. Sie überdenken Ihr Leben. Wo wird es hinführen? Verschüttete Erinnerungen steigen auf. Bislang bin ich oft planlos gelaufen, habe mich treiben lassen von meinen Gefühlen, von meinen Träumen, von meinen Instinkten. So schlecht war es eigentlich nicht, aber irgendwie ziellos. Pläne habe ich in meinem Beruf gehabt, Freude mit meiner Familie. Die erste Liebe mag vorbei sein. Vielleicht ist auch die Ehe in die Brüche gegangen. Wie soll es weitergehen nach der großen Enttäuschung? Fragen über Fragen kommen auf, ein ganzes Dickicht. Mein Gott, wer bin ich eigentlich? Ich hatte ein so großartiges Bild von mir. Ich spüre auf einmal meine ganze Arroganz andern gegenüber, ich spüre meine wirklichen Gefühle von Ehrgeiz, Neid und Grimm. Auch Eifersucht auf andere kommt auf, die es anscheinend besser haben in ihrem Leben, die anscheinend schneller gehen können.

Noch einmal neu beginnen? Mag sein, aber die Lebensuhr kann ich nicht mehr zurückdrehen. Ich bin nicht nochmals 16 Jahre alt. Selbst ein Neubeginn wird anders aussehen als damals. Die Träume sind verblasst, die Ideale haben sich verdünnt, sie sind einer harten Realität gewichen.

Wer bin ich? Ich möchte am liebsten vor mir fliehen. Schlafen möchte ich, schlafen. An manchen Abenden bin ich versucht zu wünschen, dass ich nicht mehr aufwache. Überdruss am

Leben kommt auf, den ich nie gekannt habe. Ich habe ihn zugedeckt, ich habe das Leben zugedeckt. Die Einsamkeit wird zur Last. Ich stehe vor mir, gehe mit mir. Ich muss mich aushalten. Das ist schlimmer als die Strapazen des Tages, schlimmer als Wind und Regen. Die Arbeit, der Lärm und die vielen Beschäftigungen, die beruflichen und privaten Gespräche, sie lassen uns nicht zu uns selbst kommen, uns selbst sehen, wie wir sind. Auf einmal stehe ich da, sozusagen nackt und ohne Fluchtmöglichkeit. Das muss uns aber nicht erschrecken. Anderen, Größeren als uns ist es schon ähnlich ergangen. Werfen wir noch einmal einen Blick in die Heilige Schrift. Ahab, der König von Israel, trachtete dem Propheten Elija nach dem Leben. „Elija geriet in Angst, machte sich auf und ging weg, um sein Leben zu retten. Er kam nach Beerscheba in Juda und ließ dort seinen Diener zurück. Er selbst ging eine Tagereise weit in die Wüste hinein. Dort setzte er sich unter einen Ginsterstrauch und wünschte sich den Tod. Er sagte: Nun ist es genug, Herr. Nimm mein Leben; denn ich bin nicht besser als meine Väter. Dann legte er sich unter den Ginsterstrauch und schlief ein. Doch ein Engel rührte ihn an und sprach: Steh auf und iss! Als er um sich blickte, sah er neben seinem Kopf Brot, das in glühender Asche gebacken war, und einen Krug mit Wasser. Er aß und trank und legte sich wieder." Das passierte ein zweites Mal. „Da stand Elija auf, aß und trank und wanderte dann, durch diese Speise gestärkt, vierzig Tage und vierzig Nächte, bis zum Gottesberg Horeb." Dort nun hatte er seine Gottesbegegnung und bekam neue Aufträge vom Herrn.

Vielleicht begegnen Sie Gott in einer solchen Situation. Nackt dastehend, ziehen wir andere Kleider an, werden von anderen umhüllt und gespeist. Schon der Bissen Brot, den Ihnen jemand auf dem Weg reicht, kann Sie aus der Gefangenschaft des Ich herausholen.

Auf dem Pilgerweg unseres Lebens muss es aber kein so intensives Gotteserlebnis sein. Vielleicht spricht Sie auch jemand an und fragt Sie nach Ihrem Befinden. Noch besser: Sie gehen auf Menschen zu. Sie begegnen einem anderen, einem gutem Freund oder einer guten Freundin, und reden sich einmal Ihre Nöte von der Seele, und Sie werden entdecken, dass es ihm oder ihr nicht anders ergeht oder ergangen ist. Sie begegnen im anderen dem Menschen, wie er ist. Jeder mit seinem kleinen Ich, mit seinen Nöten, mit seinen Ungereimtheiten und Unausgegorenheiten. Sie merken, Sie sind nicht allein. Vielleicht geht es dem anderen noch schlimmer und Sie sprechen ihm Mut zu, oder der andere leiht Ihnen sein Ohr und findet für Sie das tröstende Wort. Vielleicht denken Sie jetzt konkret an Menschen, die Sie begleitet und gestärkt haben. Oder an Menschen, durch die Sie eine solche Begleitung erfahren durften.

DAS KELCHGEBET

In Südamerika, hoch in den Bergen, findet sich ein besonderes Labyrinth. Es ist wie ein Abendmahlskelch geformt. Wer dieses Labyrinth geht, taucht in besonderer Weise in die Begegnung mit Gott ein und tritt an seinen Tisch. Im Internet findet sich dazu ein Gebet von einem unbekannten Autor:

Prayer of the chalice

Father, to Thee I raise my whole being,
a vessel emptied of self. Accept Lord,
this my emptiness, and so fill me
with Thyself Thy Light, Thy Love,
Thy Life that these precious gifts
may radiate through me and over-
flow the chalice of my heart
into the hearts of all with
whom I come in contact this
day, revealing unto them
the beauty of
Thy Joy
and
Wholeness
And
The
Serenity
of Thy Peace
which nothing can destroy

Kelchgebet

Vater, zu Dir erhebe ich mein ganzes Sein, ein
von sich selbst entleertes Gefäß. Nimm, Herr,
meine Leere und fülle mich mit Dir –
Deinem Licht, Deiner Liebe, Deinem Leben –
damit diese kostbaren Geschenke
durch mich ausstrahlen können und
über den Kelch meines Herzen hinausfließen
in die Herzen aller, mit denen ich
an diesem Tag verbunden bin,
um für sie die Schönheit
deiner Freude
aufzudecken
und die
Fülle
und
die
Heiterkeit
Deines Friedens,
den nichts zerstören kann.

(Übersetzung Bettine Reichelt)

RUTH. EINE LABYRINTHGESCHICHTE

Die Bibel erzählt verschiedene Geschichte, die sich zur Meditation im Labyrinth eignen. Eine davon ist die Geschichte der Maobiterin Ruth. Sie gehört zu den Vorfahren Davids und nimmt insofern einen besonderen Platz im Weg Gottes mit den Menschen ein.

Ihre spätere Schwiegermutter Naomi verlässt mit ihrem Mann und zwei Söhnen Bethlehem, um ins Ausland zu ziehen, denn es gibt kein Brot im Haus des Brotes. Ausgerechnet nach Moab, ins Land der Erzfeinde Israels, führt sie ihr Weg. Sie leben viele Jahre dort, aus den Kindern werden junge Männer. Die Söhne heiraten zwei Moabiterinnen: Orpa und Ruth.

Doch die Hoffnungen auf das Überleben der Familie im fremden Land zerschlagen sich. Sowohl Elimelech, Naomis Ehemann, als auch ihre Söhne sterben. Naomi beschließt, wieder nach Hause zu ziehen, und ihre Schwiegertöchter begleiten sie. Aber was kann Naomis Heimat den beiden jungen Frauen bieten? Sie sind dort fremd und haben keine Aussicht, noch einmal eine Familie zu gründen und Kinder zur Welt zu bringen. So schickt Naomi sie zu ihren Eltern zurück. Orpa folgt Naomis Rat.

Ruth aber beschließt, bei ihr zu bleiben. „Rede mir nicht ein, dass ich dich verlassen und von dir umkehren sollte", sagt sie zu Naomi. „Wo du hingehst, da will ich auch hingehen; wo du bleibst, da bleibe ich auch. Dein Volk ist mein Volk, und dein Gott ist mein Gott. Wo du stirbst, da sterbe ich auch, da will ich auch begraben werden. Der HERR tue mir dies und das, nur der Tod wird mich und dich scheiden." So ziehen die beiden Frauen nach Bethlehem. Viel Hoffnung auf eine bessere Zukunft haben sie nicht.

Doch so hoffnungslos, wie Naomi die Lage sieht – sie nennt sich selbst Mara, die Bittere –, ist es nicht. Sie hat Verwandte, zwar nicht ganz enge, aber doch Menschen, die ihr zur Hilfe werden könnten. Und so geschieht es, dass Ruth in der Zeit der Gerstenernte auf einem der Felder Ähren aufliest, die die Schnitter verloren haben. Dabei gerät sie auf das Feld von Boas.

Boas ist ein gütiger Mann, den Ruths Selbstlosigkeit beeindruckt. Er lässt sie weiter auf seinen Feldern lesen. Und nicht nur das: Sie darf vom Wasser trinken, das für die Knechte und Mägde des Boas bestimmt ist. Und Boas weist seine Schnitter an, ab und an etwas von den Ähren fallen zu lassen, damit Ruth leichter lesen kann.

Nach Hause zurückgekehrt, berichtet sie Naomi: In Bethlehem, im Haus des Brotes, wird ihnen Nahrung und Hoffnung geschenkt. Naomi freut sich über Ruths Glück. Es ist auch ein Hoffnungsschimmer für sie. Und noch erfreuter ist sie, als sie erfährt, bei wem Ruth gelesen hat, denn Boas ist ein entfernter Verwandter. Er könnte Ruth zur Frau nehmen und Naomi so doch noch – vermittelt – zur Mutter und Großmutter werden lassen.

Die Mutter ersinnt eine List, die Boas dazu bringen soll, Ruth zu heiraten. Die junge Frau soll nach dem Erntefest, wenn Boas – vermutlich angetrunken – in tiefen Schlaf fällt, zu seinen Füßen schlafen. Wenn sie ihm sich so ausliefert und er sie heiratet, wäre für beide Frauen gesorgt.

Ruth befolgt Naomis Rat. Und Boas ist auch durchaus bereit, die Moabiterin zu heiraten. Aber es gibt einen Mann in der Stadt, der näher mit Naomi verwandt ist. Eigentlich stünde es ihm zu, Ruth zu seiner Frau zu machen.

Noch einmal steht alles auf dem Spiel. Noch einmal ist völlig unklar, ob es für Ruth und Naomi eine heilvolle Zukunft geben wird. Boas geht ans Tor, an den Gerichtsplatz, um mit dem anderen zu verhandeln. Würde er Naomi ihr eigenes Feld abkaufen, ihr Erbteil, so wäre er auch verpflichtet, Ruth zu heiraten und wäre der Mann, der für die Nachkommen von Naomis Familie zu sorgen hätte. Aber er kann den Lösepreis für das Feld nicht zahlen und tritt sein Recht an Boas ab.

So übernimmt Boas all das, was Elimelech einst gehörte – und wird für Naomi und Ruth zum Löser, zum Erlöser. Das erste Kind, das Ruth zur Welt bringt, ein Sohn, wird auf Naomis Knien geboren und gilt somit als ihr Sohn. Sie nennt ihn Obed. Er wird der Großvater Davids.

5 Teil des Kosmos

Verschwende beim Beten keine Zeit darauf,
genau begreifen zu wollen,
was du da tust oder wie du betest.
Das beste Gebet ist dasjenige,
das uns so mit der Gegenwart Gottes in Atem hält,
dass wir nicht mehr über uns selbst nachdenken
oder darüber, was wir gerade tun.

Franz von Sales

GEGENWART GOTTES ...

Das Labyrinth: Verbindung von Quadrat und Kreis. Der Weg pendelt nach rechts und links, führt mich wieder an den Rand, um schließlich in die Mitte zu lenken. Und all das ist orientiert an einem doppelten Kreuz. Je vollkommener es mir gelingt, die grafische Figur zu gestalten, um so gleichmäßiger führt mich der Weg, um so mehr kann mich die Ausgeglichenheit erreichen.

Die Verbindung von Quadrat (Erde) und Kreis (Himmel) symbolisiert zugleich die Ganzheit des Universums, seine Unversehrtheit. Himmel und Erde sind miteinander nicht nur irgendwie verbunden, sondern aufeinander bezogen. Die Erde kann ohne den Himmel nicht sein, der Himmel nicht ohne die Erde. Ich selbst bin in beide hinein verwoben. Mein Leben ist ein Teil des Ganzen. Aber ich bin nicht der Mittelpunkt, um den sich alles dreht. Ich bin neben und mit anderen, neben und mit der gesamten Schöpfung.

Für die Hopi-Indianer ist das Labyrinth dementsprechend auch ein Ort der Hochzeit zwischen der Sonne, dem Vater, und Mutter Erde. Eine kosmische Verbindung zum Heil aller. Wer das Labyrinth geht, kann die tiefe Verbundenheit der Schöpfung mit dem Menschen und das Bezogensein auf den, der war und ist und kommt, am eigenen Leib spüren. Nur wenn wir in so ausgeglichener und demütiger Art und Weise miteinander leben, kann die Existenz gelingen. Und sie gelingt immer wieder, wenn auch oft genug nur ansatzweise und in Bruchstücken. Aber auch das Gelingen in Teilbereichen ist, so lehrt das Labyrinth, ein Gelingen des ganzen Lebens.

Der Weg lehrt: Wer das Labyrinth betritt, wer den Weg zu Gott beginnt, kommt mit Sicherheit an, wie groß der Umweg auch immer sein mag. Wer den Weg beständig geht und die Mitte, das Ziel erreicht, hat alles erreicht. Er ist im Zentrum der Geborgenheit und wird als Gewandelter den Weg neu gehen. Es geht nie ausschließlich um gut oder böse, ja oder nein, sondern um die Begegnung mit sich selbst und mit Gott.

So erfuhren wir auch in unserem Projekt handgreiflich das Auf und Ab des Lebens: Bis Anfang Mai dauerten unsere Planungen. Eigentlich war es fast zu spät zu beginnen. Aber wir waren sicher, dass uns der Plan gelingen könnte – wenn auch etwas später im Jahr als gedacht.

Zunächst gruben wir den Boden auf, hoben die Grasnarbe ab, um neue, reichhaltige Erde aufzufüllen. Es war eine Arbeit, die alle Kräfte forderte. Wir Frauen und die Kinder konnten das unmöglich allein schaffen. Die Männer mussten helfen. Und sie kamen. Die großen – und auch die etwas kleineren.

Wir kauften Samen und die Kinder legten ihn in den frischen Humus. Gute Erde, guter Samen. Wir waren voller Hoffnung. Es konnte einfach nichts schiefgehen. Alles war ja nun bestens vorbereitet. Jedes Treffen begann mit der Spannung: Was ist diesmal wieder gewachsen? Einige Pflänzchen wagten sich ans Licht. In den ersten Wochen freuten wir uns über jeden grünen Halm, der durchbrach.

Die Wochen vergingen und die Halme blieben spärlich. Es sah alles bei Weitem nicht so aus, wie wir uns das gedacht hatten. Ein ganzer Teil des Labyrinths blieb sogar völlig leer. Gerade die Sonnenblumen, die die Mitte umgrenzen sollten, gingen nicht auf. Unsere Pläne schlugen fehl. Jede Woche zeigte sich deutlicher: An diesen Stellen bleibt nichts als kahle Erde. Ausgerechnet rund um die Mitte! Das war ein schwerer Schlag für unsere hochgesteckten Erwartungen. Wir schienen als Hobby-Labyrinth-Gärtner wohl mit der Erde und der angemessenen Fürsorge zu wenig vertraut. Dennoch gaben wir nicht auf. Wir waren davon überzeugt: Irgendwie würde es dennoch einen Erfolg geben. Und wäre er auch noch so klein.

DANKE DEM GROßEN GEIST

Aus einer Zeremonie der Ojibway

Der folgende Text gehört zur Midewiwin-Zeremonie der indianischen Algonkin-Völker, die u. a. im Gebiet der Großen Seen lebten. Diese Zeremonie ist ein Heilungsritual, das den Teilnehmenden inneren Frieden und die Fähigkeit, das Gute zu suchen, schenken soll. Allerdings wurde das Ritual innerhalb einer Geheimgesellschaft vollzogen und von Außenstehenden häufig als bedrohlich erlebt.

Danke dem Großen Geist
für alle seine Gaben.
Ehre die Alten; wenn du dies tust,
ehrst du die Weisheit und das Leben.
Ehre das Leben in allen seinen Formen;
Dadurch wird dein eigenes Leben gestärkt.
Ehre die Frauen; wenn du sie achtest,
ehrst du das Geschenk des Lebens und der Liebe.
Stehe zu deinen Versprechen; wenn du dein Wort hältst,
bleibst du dir und den anderen treu.
Sei freundlich und gütig und bereit zu teilen.

Sei friedfertig; durch Friedfertigkeit werden alle
den Großen Frieden finden.
Sei tapfer; durch deinen Mut
wird die Stärke aller wachsen.
Sei maßvoll in allem, beobachte gut, höre zu
und wäge ab; dann wirst du besonnen handeln.

DAS GEHEIMNISVOLLE
MACHT DAS LEBEN ZAUBERHAFT

Monika Fröschl

Die Faszination des Labyrinths entsteht durch sein Geheimnis.
Es erschließt sich nicht auf den ersten Blick. Ich muss mich
schon auf das Geheimnis einlassen und losgehen. Indem ich
einfach gehe, kann ich mich verzaubern lassen. Darüber stau-
nen, dass der Weg trotz der Umwege zur Mitte führt.
In unserer heutigen durch oft brutale Realität geprägten Welt
lohnt es sich, die (Wieder-)Verzauberung des Lebens zu suchen. Der Gang in und durch ein Labyrinth kann ein Weg
sein.
Wir können uns von Kindern mitnehmen lassen. Sie verzaubern die Welt durch ihre Fantasie und ihre Spiele. Ein Stück
Spielerisches in unsere Alltagswelt zu holen, erleichtert vieles. Leibhaftig, mit dem Finger oder dem Stift.
Oder lassen Sie sich einfach von Musik und guten Essensge-
rüchen verzaubern. Auch die Beobachtung meiner selbst
oder der Beziehungen aus der Sicht der Schätze, die zu entdecken sind, ist ein Stück Wiederverzauberung. Begeben wir
uns auf Schatzsuche. Wenn die Lust am Geheimnisvollen die
Angst überwindet, ist eine Verzauberung möglich.

STUFEN

Hermann Hesse

Wie jede Blüte welkt und jede Jugend
Dem Alter weicht, blüht jede Lebensstufe,
Blüht jede Weisheit auch und jede Tugend
Zu ihrer Zeit und darf nicht ewig dauern.
Es muss das Herz bei jedem Lebensrufe
Bereit zum Abschied sein und Neubeginne,
Um sich in Tapferkeit und ohne Trauern
In andre, neue Bindungen zu geben.
Und jedem Anfang wohnt ein Zauber inne,
Der uns beschützt und der uns hilft, zu leben.

Wir sollen heiter Raum um Raum durchschreiten,
An keinem wie an einer Heimat hängen,
Der Weltgeist will nicht fesseln uns und engen,
Er will uns Stuf' um Stufe heben, weiten.
Kaum sind wir heimisch einem Lebenskreise
Und traulich eingewohnt, so droht Erschlaffen,
Nur wer bereit zu Aufbruch ist und Reise,
Mag lähmender Gewöhnung sich entraffen.

Es wird vielleicht auch noch die Todesstunde
Uns neuen Räumen jung entgegen senden,
Des Lebens Ruf an uns wird niemals enden ...
Wohlan denn, Herz, nimm Abschied und gesunde!

DAS LABYRINTH ALS WEGWEISER DES KOSMOS
Rafaela Schmakowski

Das Labyrinth ist ein kunstvoller Wegweiser für die Feier des Lebens, ein Symbol für die Zyklen der Zeit, ein Festkalender, im dem sich die Bahnen von Mond und Sonne widerspiegeln. Darüber hinaus finde ich es ausnehmend schön, das Labyrinth. Es ist so angenehm, in Ruhe hindurchzulaufen. Mir scheint, als verleihe das Labyrinth meinem Herzen Ruhe und Gelassenheit. Und in der Tat ist das Labyrinth der Struktur des Herzens ähnlich, so, als seien sie einem gemeinsamen Schöpfungsplan entsprungen. Das Herz hat vier Kammern, wie das Labyrinth, in die die vier Enden der Doppelspirale einmünden. Das elektrische Potenzial durchströmt den Herzmuskel in spiralförmigen Bahnen, wie auch die spiralförmigen Bahnen des Labyrinths hin und her strömen. Das Herz pulsiert, es zieht sich zusammen und dehnt sich aus, wie die Pfade des Labyrinths, die zwei mal hinein und hinaus führen. Welche Schöpfungskräfte liegen dem zugrunde? Dieselben. Es ist der pulsierende Rhythmus des Kosmos, es ist die Spiralbewegung von Sonne, Mond und Sternen. Ihre Kräfte prägen das Leben auf der Erde und ihre Kräfte wurden auf der Erde manifestiert, überall in der Natur, in den Lebewesen, und in der Kunst, in der Kultur. Die Zyklen von Sonne und Mond in Form einer kalendarisch geordneter Zeit prägen unser Leben und auch unsere Gefühle bis tief in die Knochen, bis in den Kern. Das Labyrinth ist ein Echo des nahen Himmels, deshalb kann es ein Seelentrost sein in einer Zeit, in der die Welt aus den Fugen gerät, und in der die Zeit, ihrer zyklische Dimension beraubt, in eine unbekannte Zielgerade rast. Die Renaissance von Labyrinthen in den westlichen Ländern resultiert aus einer Sehnsucht nach Ruhe und Ordnung und Maß. Wir leben in einer Zeit, die rasend ist. Die Globalisierung fordert auf zu einem rasenden Produktions- und Machbarkeitswahn, mit einer Effizienz, die atemlos macht und ruhelos, die Angst auslöst und Panik. Diese Art der Effizienz macht gefühllos und lieblos und rasend und herzlos. Die Erlösung von den Schmerzen des Herzens wird nun zum obersten Gebot, das erhält die Effizienz und das anästhesiert das Gefühl an dieser Welt.

Ich glaube, dass das Labyrinth den Schmerz des Herzens beendet. Das klingt naiv? Aber ich habe es doch so erlebt. Die Menschen strahlen, die Kinder jubeln, kleine Begegnungen finden statt, ein Lächeln im Vorübergehen, eine nette Geste, ein freundliches Wort, Momente der Gemeinsamkeit auf unterschiedlichen Wegen im Labyrinth. Der Rhythmus ist dem Herzen bekannt, hier fühlt es sich beheimatet, hier wird es berührt und gerührt. Die Enge weicht, der Geist wird wach, das Interesse an der Welt ist geweckt. Die Augen öffnen sich für Andere und Anderes, für die Sonne und für den Mond, für das Leuchten der Sterne, für die Schönheit der Welt. Das ist der Zauber im Labyrinth, das ist seine Magie. Und so kommt es zur Ruhe in Bewegung und zum Leben im Moment.

DAS LABYRINTH VON CHARTRES

Bettine Reichelt

Es gehört zu den bekanntesten Labyrinthen im europäischen Raum. Im Unterschied zu vielen anderen Labyrinthen, die erst im Nachhinein in den Kirchenbau eingefügt wurden, gehörte es in Chartres von Beginn an dazu. Sowohl in der Raumaufteilung als auch in der theologischen Symbolik trägt es auf seine Weise zur Botschaft des Raumes bei.

Heilige Geometrie

Man spricht im Blick auf Chartres von einer Heiligen Geometrie. Sie ist in einer groß angelegten Zahlensymbolik erkennbar, die heute nicht mehr bis in alle Einzelheiten deutbar ist. Es befindet sich im vorderen Teil der Kathedrale.

Man vertrat damals die Vorstellung, dass Dämonen nicht in der Lage seien, geradeaus zu fliegen. Sollten sie in die Kirche eindringen, träfen sie als erstes auf die verschlungenen Wege des Labyrinths, würden sich darin verfangen und wären so gefangen. Sie könnten dem heiligen Ort nicht mehr gefährlich werden.

Bei der Planung entschied man sich für ein Labyrinth mit elf Umgängen. Diese Form wurde bewusst gewählt. In der mittelalterlichen Symbolik steht die Elf für die Welt. Die zehn ist die Zahl der irdischen Fülle. Sie entsteht aus der Summe der ersten vier ganzen Zahlen 1+2+3+4 und ihre Quersumme ist die Eins. Die Zwölf dagegen steht für die kosmische Fülle. Nicht ohne Grund erwählte sich Jesus zwölf Apostel. gehörten zum Volk Israel zwölf Stämme. Dazwischen steht die Elf. Sich in der Welt zurechtzufinden bedeutet Kampf, das Wagnis, Umwege zu beschreiten, Übergänge auszuhalten.

Die Grundform des Labyrinths ist ein Kreis. Die Größenverhältnisse erinnern an das Prinzip der Blume des Lebens, einer Konstruktion aus 19 Kreisen, die einander überlappen. Der mittlere Kreis dieser Konstruktion steht für Gott selbst; die Kreise, die daraus hervorgehen für seine Fülle, die sich im Kosmos entfaltet. Der Kreis steht in der Symbolik aber ebenso für Christus, die neue Sonne, die das Leben erhält und möglich macht. Das Labyrinth in Chartres ist am Rand 114 mal unterteilt. Teilt man diese Zahl durch die sechs, die Zahl der Vollkommenheit, die sich im Labyrinth in der sechsblättrigen Rose in der Mitte findet, so ergibt sich die Zahl 19, die für das Symbol der Blume des Lebens steht.

Heilige Bewegung

Das begehbare Labyrinth ermöglichte innerhalb der Kirche eine Pilgerfahrt der besonderen Art. 28 mal muss der Pilger die Richtung wechseln, ehe er die Mitte erreicht. Damit wird im Weg ein Bezug zur kosmischen Zahl zwölf hergestellt: Der Mondmonat besteht aus 28 Tagen. Zugleich ist dieses Labyrinth, im Gegensatz zum klassischen Labyrinth, konsequent an der Form des Kreuzes ausgerichtet. Das Kreuz, das Leiden Jesu und damit die Erlösung der Welt liegen über der Form. Der Mensch, der sie geht, nimmt sie Schritt für Schritt ganz in sich auf.

6 Scheitern und Weitergehen

Ein Jegliches hat seine Zeit
und jedes Vorhaben unter dem Himmel
hat seine Stunde.

Prediger 3,1

JEGLICHES HAT SEINE ZEIT ...

*U*nser Labyrinth blieb also eher kahl. Die Kinder waren enttäuscht. Und auch wir Erwachsenen begannen den Mut zu verlieren. Es war doch so gut geplant! Wir hatten gegossen. Und wir hatten uns um die Pflanzen gekümmert. Es konnte doch nicht sein, dass unser schönes Projekt an ein paar Samen, die nicht aufgehen wollten, scheitert!

Wir waren darauf aus gewesen, Erfolg zu haben. Als ob uns das alte Symbol das versprochen hätte. Aber das Labyrinth erzählt dem Menschen, der es betritt, weder etwas über Erfolge noch über Misserfolge. Es erzählt viel über einen Weg, der an der ersten scheinbaren Sackgasse nicht endet, über ein Leben, dass trotz Umwegen ein gutes und reiches Leben sein kann, über die scheinbar vielen Wege, die am Ende doch nur einer sind. Und es erzählt etwas über die Möglichkeit anzukommen. Wir hatten es gründlich missverstanden. Wir setzten das Ankommen mit Erfolg gleich.

Die Mitte, das Ziel, ist der Gipfelpunkt, dachten wir. Unser Gipfel sollte ein blühendes Labyrinth sein – und nicht all die Misserfolge, die uns den Mut nahmen. War es nicht schon genug, dass die Blumen, die die Mitte umgrenzen sollten, gar nicht aufgingen? Mussten nun auch noch die ersten zaghaften Blüten von irgendwem abgepflückt werden, so dass die Kinder sie nie zu Gesicht bekamen. Und war es denn gerecht, dass der Rasenmäher, den wir dringend jede Woche brauchten, uns den Dienst versagte? Wie sollten wir denn den Weg begehbar halten – ohne dieses Gerät?! Wir waren enttäuscht und verärgert und kurz davor, ganz aufzugeben. Es würde sicher kaum eine Woche, vielleicht auch zwei dauern, bis das so mühevoll in vielen Stunden ausgehobene Labyrinth wieder überwuchert wäre.

Und doch gaben wir nicht auf. Stattdessen begannen wir zu improvisieren. Einer brachte diese Pflanze aus dem heimischen Garten mit, der andere jene. So blühte es an jeder Biegung.

Unter den Gartengeräten fanden wir eine Heckenschere. Eine der Mütter meinte, man könne doch versuchen, damit den Rasen kurz zu halten. Wenigstens vorübergehend, bis der Rasenmäher repariert sei. Mit Gelächter und unter Knieschmerzen verschnitten wir den Rasen. Die Nachmittage schweißten uns zusammen. Es war unser Projekt und wir wollten es nicht scheitern sehen.

Eine der Mütter brachte überzählige Studentenblumen von ihrem Balkon mit. Dort hätten sie keinen Platz gefunden. Wir waren froh über alles, was wenigstens etwas Grün in die leere Erde rund um die Mitte brachte. Die Studentenblumen setzten wir an die Stelle der Sonnenrosen. Immerhin würden sie auch gelb blühen, falls sie blühen sollten. Zunächst waren sie sehr grün und wuchsen in die Höhe.

Es war mittlerweile Juli geworden. Rings um unser Labyrinth blühte es in den Gärten. Der Sommer war warm und feucht. Es war eine Pracht. – Nur nicht in unserem Labyrinth. Bei uns gab es vor allem eines: hoch aufgeschossenes Grün. So hoch wie ein Erwachsener. Wenn die Kinder jede Woche das kleine, dreigängige Labyrinth abliefen, waren sie fast nicht mehr zu sehen. Das Bepflanzen und die Fürsorge gelangen. Nur etwas fehlte zu unserem Glück: die Blüten. Das vollkommene Gelingen unseres Projektes schien uns verwehrt. Aber war dieses Scheitern schon das letzte Wort? Und war es überhaupt ein Scheitern?

RETTENDER ENGEL

Thomas Rosenlöcher

Er ist der kleinste unter allen Engeln
und selbst sein Singen ist nur wie ein Strich.

Doch im Fach Demut hat er eine Fünf.

Fliegt mit den Bienen auf und nieder,
wenn Glockenläuten durch die Äste schneit.

Und davon wird sein Kleid kirschblütenweiß.

Und leuchtet vor auf seinem langen Weg
durchs Labyrinth der finsteren Systeme,

die sich, von so viel Anmut rettungslos
verwirrt, entwirrn, und Friede, Friede flüstern.

CHARTRES, DER WEG UND ICH

Vermutlich ist Chartres neben dem legendären Labyrinth
von Knossos für viele im europäischen Raum *das* Labyrinth
schlechthin. Und es ist für einen echten Freund des Labyrinths ein Muss, eben dorthin zu pilgern. Chartres ist faszinierend. Aber es liegt in Frankreich. Und Frankreich gehört
definitiv nicht zu den Ländern, die ich mir leisten kann.
Nicht so ohne Weiteres jedenfalls.
Meine Überlegungen, Chartres zu sehen – oder es eben auch
nicht zu sehen – kommen mir vor wie die Überlegungen vie-

ler, den Jakobsweg zu gehen – oder ihn nicht zu gehen –, nach Jerusalem zu pilgern – oder eben eher doch nicht zu pilgern. Der Jakobsweg ist vielleicht finanziell für viele noch machbar. Aber die Zeit, die er fordert, erfordert eine Grundsatzentscheidung. Und nicht jeder ist in der glücklichen Lage, sich dem stellen zu können. Ganz abgesehen von den körperlichen Voraussetzungen. Ähnlich ist es mit Jerusalem. Neben den Preisen im Heiligen Land sind die Sorgen um die politische Lage nicht unberechtigt.

Muss ich deshalb aber auf die Vollkommenheit von Chartres ganz verzichten? Ist es mir verwehrt zu pilgern? Oder bleibt mir, weil meine finanzielle Lage bescheiden ist, der Weg nach Jerusalem versperrt? Ja und nein. Ich könnte aufgeben und mich beleidigt oder verstimmt oder vollkommen deprimiert in mich selbst zurückziehen. Das Leben *ist* ungerecht. Ja, das ist es. Ich könnte darin ein Scheitern sehen. Und es mag sein, dass manche es so sehen. Ob es das aber für mich wird oder nicht, hängt dennoch auch von meiner Fähigkeit zum inneren Aufbruch ab.

Und zugleich bietet mir die Mystik des Mittelalters einen Ausweg aus meinem – vielleicht sogar selbst verschuldeten – Dilemma. Chartres, der Jakobsweg und Jerusalem können überall sein. Manchmal gleich um die Ecke. Manchmal sogar in meiner Hosentasche. Das Wunder der Kreativität befähigt Menschen, alternative Wege zu suchen und Lösungen zu finden, wo keine Lösungen zu erwarten waren. Im Mittelalter symbolisierte der Weg durch das Labyrinth den Pilgerweg nach Jerusalem. Der Büßer, der sich dem Leben auf gefährlichen Wegen stellt, er begegnet mir in jedem Labyrinth. Ich betrete einen abgegrenzten Raum und ich habe die Mitte, das heilige Jerusalem, die hochgebaute Stadt symbolisch vor mir. Und jeder Gang durch das Labyrinth, jede Kehre wird mich immer wieder einmal dazu bringen zu fragen, was ich hier eigentlich tue, wem das nützen soll, welchen Sinn ich damit verfolge. Warum gehe ich? Was geschieht mit mir auf diesem Weg? Sollte ich nicht lieber abbrechen und den Unsinn lassen? Ist all das nicht vertane Zeit? Ich frage mich, wie sich die Pilger aller Zeiten in ihrer Suche nach Gott fragten. Wie oft ist die Suche nach Gott in den banalsten Fragen des Alltags verborgen.

Und manchmal kommt auch die Kathedrale von Chartres zu mir, auch wenn ich nicht zu ihr komme. So gibt es auf beinahe jedem Kirchentag Projekte, die sich dem Symbol Labyrinth widmen. In der Neubaustadt Grünau, einem Teil von Leipzig, legten die Mitarbeiter während des Leipziger Kirchentags mit Bettlaken das Labyrinth von Chartres auf den Rasen. Die Kathedrale darüber war der weite Himmel. Die Rosette die Sommersonne selbst. Hätte die Kirche in Frankreich vollkommener sein können?

Symbolisch all das in den Händen halten und mit den Fingern den Weg abtasten. Mir innerlich der Dimensionen des Lebens bewusst werden. Ein solches Labyrinth ist für jeden zu finden. Und es begleitet mich. Wenn ich das möchte und zulasse.

JEGLICHES HAT SEINE ZEIT

Kohelet 3,1–13

Alles hat seine Stunde. Für jedes Geschehen unter dem Himmel gibt es eine bestimmte Zeit:
eine Zeit zum Gebären und eine Zeit zum Sterben,
eine Zeit zum Pflanzen und eine Zeit zum Abernten der Pflanzen,

eine Zeit zum Töten und eine Zeit zum Heilen,
eine Zeit zum Niederreißen und eine Zeit zum Bauen,
eine Zeit zum Weinen und eine Zeit zum Lachen,
eine Zeit für die Klage und eine Zeit für den Tanz;
eine Zeit zum Steinewerfen und eine Zeit zum Steinesammeln,
eine Zeit zum Umarmen und eine Zeit, die Umarmung zu lösen,
eine Zeit zum Suchen und eine Zeit zum Verlieren,
eine Zeit zum Behalten und eine Zeit zum Wegwerfen,
eine Zeit zum Zerreißen und eine Zeit zum Zusammennähen,
eine Zeit zum Schweigen und eine Zeit zum Reden,
eine Zeit zum Lieben und eine Zeit zum Hassen,
eine Zeit für den Krieg und eine Zeit für den Frieden.
Wenn jemand etwas tut – welchen Vorteil hat er davon, dass er sich anstrengt? Ich sah mir das Geschäft an, für das jeder Mensch durch Gottes Auftrag sich abmüht. Gott hat das alles zu seiner Zeit auf vollkommene Weise getan. Überdies hat er die Ewigkeit in alles hineingelegt, doch ohne dass der Mensch das Tun, das Gott getan hat, von seinem Anfang bis zu seinem Ende wieder finden könnte. Ich hatte erkannt: Es gibt kein in allem Tun gründendes Glück, es sei denn, ein jeder freut sich und so verschafft er sich Glück, während er noch lebt, wobei zugleich immer, wenn ein Mensch isst und trinkt und durch seinen ganzen Besitz das Glück kennen lernt, das ein Geschenk Gottes ist.

WEG DER WANDLUNG

Wohin ich mich wende, immer bin ich außer mir. Auf dem Weg zu … Was weiß ich. Es ist ernüchternd, enttäuschend.

Ich fliehe? Aber ich habe nicht das Gefühl einer Flucht. Ich bin unterwegs. Suchend. Weiß ich, wen oder was ich finden möchte?

Aber das Finden scheint sich zu entziehen. Immer auf Achse, immer in Aktion. Immer im Blick auf so vieles. Aber alles zerfließt. Nichts bleibt, nichts hält sich in mir. Unruhig hetze ich von Tag zu Tag. Noch dieses, nur dieser Termin. Nur noch das erreichen. Wenn du dort ankommst. Dann ... Ja, dann ... Und jetzt? Was ist jetzt?

Die Mystiker suchten zu allen Zeiten und in allen Kulturen die Anwesenheit im Jetzt, das Nun, den ungreifbaren, sich von Augenblick zu Augenblick entziehenden Moment Gegenwart. Hier sein, nichts anderes tun als dieses Anwesend. Nur dich hören, nur mit dir reden. Nicht zugleich den nächsten Schritt planen, nicht überlegen, was ich dir und mir antworten könnte, wie es wirken wird, wie meine Stimme klingt, was du denken könntest, was du dir – vielleicht – von mir und über mich merken könntest. All das außen vor lassen. Und dich sehen, wie du mir heute begegnest, wie ich dir heute begegne. Den Weg gehen, Schritt vor Schritt. Nur dieses.

Diese Art von Konzentration ist eine Herausforderung. Wie oft schiebt sich etwas dazwischen, denkt es in mir, dass dieses und jenes wichtiger ist, zu tun ist, zu schaffen, dass ich doch nicht reden kann, nicht schreiben, nicht hören, wenn ... Aber was geschieht mit mir, wenn ich mich dem Wenn stelle? Was verändert mich, wenn ich mich ausliefere? Habe ich nicht auch dann nur die Möglichkeit, eben dieses zu tun und das andere zu lassen? Wie viel Selbstbetrug liegt in dem, was ich meine tun und schaffen zu *müssen*? Was erreiche ich, wenn ich davoneile?

Immer wenn ich das Labyrinth betrete, erschreckt es mich,

wie viel ich außen lassen muss, dass plötzlich entschieden ist: Mein Weg führt zu dieser Mitte. Alle anderen Wege bleiben hinter mir zurück. Ich kann nicht mehr wählen. Ich habe meine Wahl getroffen. Ich könnte umkehren. Aber das wäre sinnlos. Es würde die Wahl und die Entscheidung nicht ungeschehen machen, nur relativieren. Also gehe ich weiter. Schritt um Schritt. Und unter meinen Füßen entstehen die Spuren eines Weges. EINES Weges. Nicht mehr. Aber auch nicht weniger als dieser Weg. Und wie geringfügig er erscheinen mag, verändert er doch die Spuren, die vielleicht vor mir da waren. Einige vertieft er, andere ebnet er ein. Ich gehe. Nach innen. Auf das Ziel zu. Ein Ziel, das ich sehe und doch noch nicht erreicht habe. Was wird aus mir, wenn ich das Ziel erreiche?

Ich könnte mühelos abkürzen und wäre dann schnell am Ziel. Würde das etwas ändern? Ist das Ziel nicht mehr als die Schritte, die mich hinführen? Das Ziel bliebe gleich, aber ich, ich wäre eine andere. Nicht der volle Weg in mir, hinter mir, sondern nur ein Teil an Erfahrung, an Hoffnungen, an Geduld. Also bleibe ich auf dem Weg, der mich leitet. Trainiere die Geduld, übe mich im Gehen, spüre meine Muskeln, die Füße auf der Erde, die Wiese, sehe die Blumen, die aufgewachsen sind. Und je mehr ich mich auf dieses Gehen einlasse, desto genauer lausche ich auf das, was um mich geschieht. Ich höre auf einmal wieder. Oder besser: Ich höre anders. Ich differenziere die Geräusche, und jedes einzelne hat eine Bedeutung.

Der Eingang bleibt hinter mir mehr und mehr zurück, ich nähere mich dem Ziel, entferne mich, verlasse mich und das, was mich ausgemacht hat. Und zugleich bewege ich mich neu auf mich selbst zu, auf das, was ich sein könnte, wie ich vielleicht gedacht war und bin.

Im Zentrum setze ich mich und sehe in die Sonne. Sie scheint mir am Abend in die Augen, wärmt mich. Ich bin hier. Nirgendwo sonst. Ich kann die Probleme der Welt nicht lösen, höchstens das eine oder andere im meinem direkten Umfeld.

Vielleicht höre ich auf dich, trage dein Wort in mir, gehe mit dir. Mehr ist mir nicht vergönnt. Alles andere würde dich und mich betrügen. Jeder geht allein, auch wenn wir Wegstrecken gemeinsam zurücklegen. Ich bin hier. Und schweige, lausche. Was um mich ist, ist größer als ich, weit, es begegnet mir, nicht ich ihm. Ich höre zu. Und ich spreche in die Stille hinein aus, was mir auf dem Herzen liegt.

Dann ist es Zeit, mich zu verabschieden: Ich wende mich zurück zum Anfang. Der Weg ist anders, obwohl er gleich ist. Ich bin anders, obwohl ich gleich bin. Etwas ist zurück geblieben, etwas geht mit mir. Ein Austausch. Als Gewandelte breche ich auf. Was vor mir liegt?

Schritt um Schritt.

7 Tod und Leben

O, Friede, sage mir doch noch
ein einziges kleines Wort.

Gertrud von Helfta

O, FRIEDE, FRIEDE …

Im Mittelalter spielte das Labyrinth besonders im Ostergottesdienst eine Rolle. Die Auferweckung Jesu, des Christus, ist der entscheidende Wendepunkt, der neues Leben für alle bedeutet. Er ist der neue Theseus, der sich allen Abgründen stellt, um sie ein für allemal zu überwinden.

Eine wichtige Rolle spielte der Ostertanz auch in der Kathedrale von Chartres. Nach einem Beschluss zur Osterliturgie von 1412 tanzten die Priester im Anschluss an den Ostergottesdienst im Labyrinth. Sie gaben dabei einen Ball weiter, der nicht mit einer Hand gehalten werden konnte. Er symbolisierte die Sonne. Der Ball wurde bis in die Mitte des Labyrinthes, dem Ort der Begegnung von Himmel und Erde, Tod und Leben, dem Ort des Kreuzes geworfen und dort symbolisch Teil der österlichen Befreiung der Welt. Dabei wurde der Osterhymnus „Victime paschali laudes" gesungen. Ein Bild der Lebensfreude: Ostern – als ein Tanz und ein Klang der Befreiung.

Vielleicht war der Klang des Gesangs nicht immer ein Hochgenuss, aber er zeugt von der Sehnsucht nach der Befreiung, nach der Öffnung des Lebens zu Gott hin. Die Priester schritten und tänzelten von Westen her, der Richtung des Sonnenuntergangs, in der Symbolik der Richtung des Todes, über elf Umgänge, also über die Umwege des unvollkommenen Lebens auf die Mitte zu. Sie schritten so die Form des Kreuzes ab, bis sie, als Gewandelte, den zwölften Weg, den Rückweg antraten. Symbolisch feierten sie Ostern die Geburt der neuen Welt.

Die Mitte ist der Ort des Todes. Die Kopfstraße, aus der es kein Entrinnen gibt. Dort, in der unvermeidlichen Wende ist der Anfang zu neuem Lebens. Die Symbolik des Kreuzes vertieft meinen eigenen Zugang zum Geheimnis um Karfreitag und Ostern: Indem ich das Kreuz Jesu abschreite, nähere ich mich seinem Weg, seinem Handeln. Indem ich mich wie er der Mitte stelle, kann mir in seinem Kreuz das neue Leben begegnen. Ich erfahre es an mir selbst. Der Weg, auf dem ich manchmal nicht mehr weiß, wo ich bin. Die Verwirrung der Gefühle, das Erreichen eines Endpunktes. Wende und Wiedergeburt: Im Labyrinth kann mir neu oder erstmalig bewusst werden, dass mein Leben von einer Mitte bestimmt ist, auf die ich zugehe, von der ich mich entferne, die ich aber einmal erreichen werde.

Auch unser kleines Labyrinthprojekt lief auf einen solchen Wandel zu, den wir selbst niemals vermutet hätten. Ob es daran lag, dass wir sie zu spät gepflanzt hatten oder ob unsere Düngversuche doch noch Erfolg zeigten – irgendwann setzten die mittlerweile mannshohen grünen Stängel Blüten an. Aus den grünen Rabatten, die sich kaum von der Umgebung abhoben, entwickelte sich etwas Neues, Anderes. Es war unglaublich. Innerhalb von Tagen – und das, nachdem wir so lange vergeblich gehofft hatten – entstanden aus den Blütenansätzen große, sonnengelbe Dolden. Ich habe nie so hohe Studentenblumen gesehen wie in diesem Jahr. Und ich habe nie so große Dolden gesehen, wie an unseren spätentwickelten Pflanzen. Es war eine Wende, auch in unserer Beziehung zum Labyrinth. Plötzlich zeigte sich, dass die Mühe, die Versuche und Umwege nicht zwecklos waren.

Wenn die Kinder zur Mitte der Labyrinths liefen, waren sie nicht mehr zu sehen. Und sie rannten wieder und wieder mit Begeisterung ins Labyrinth. Aber auch für einen Erwachsenen bot die Mitte nun einen Platz der Ruhe und des Schutzes. Man saß zwischen den Pflanzen wie in einem Nest, konnte den Flug der Hummeln beobachten und das Ziehen der Wolken. Es war die Neugeburt unseres Projektes.

DIE GEBURT

Helmut Jaskolski

Das Labyrinth: ein in die Länge gezogener Uterus, siebenfach gewunden wie Darmschlingen - so oder ähnlich stellen und stellten sich Menschen vor der Aufklärung den Geburtsweg vor. Frühe kindliche Phantasien kommen da überein mit den Ahnungen uralter Mythen, mit anatomischen Lehren des Mittelalters und geburtsmagischen Darstellungen in Indien. Bei den Hopi-Indianern ist das Labyrinth noch heute ein Symbol der Mutter Erde sowie der Geburt und Wiedergeburt aus ihr.

Die Geburt ist für die schwangere Frau ein schwieriger, schmerzhafter Vorgang, der vorbereitender und begleitender Hilfe bedarf: Das Kind muss aus dem Labyrinth des Uterus herausfinden, ihm muss der Geburtsweg durch sieben Räume in den Eingeweiden der Mutter gewiesen werden; nur wenn das gut gelingt, ist eine rasche und annähernd schmerzlose Entbindung zu erwarten. Wie sie zu erreichen ist, geht aus einem zeitgenössischen indischen Ritualbuch hervor. Darin steht sinngemäß:

Man reibe Safran mit Gangeswasser an und zeichne damit auf einen Bronze-Teller das Labyrinth, wasche dies mit Gangeswasser ab, gebe es der Gebärenden zu trinken, dann wird es bald zur Geburt kommen, und die Geburtsschmerzen werden beruhigt.

Die Mutter nimmt mit dem Safranwasser aus dem heiligen Ganges das magisch wirksame Labyrinth ein. Modern gesprochen: Dem Kind wird über diesen Kanal die notwendige

Information über den Geburtsweg zugeleitet, zugleich erhält die Schwangere mit dem Gangeswasser ein geburtsfördern- des Medikament, sozusagen ein Abführmittel, denn die Kör- peröffnungen sind in dieser archaischen Vorstellung merk- würdigerweise vertauscht oder in eins gesetzt.

Aber wir Modern-Aufgeklärten wissen es ja besser: Der Ge- burtsweg ist in Wirklichkeit kurz und gerade, die labyrin- thisch verschlungenen Windungen sind das Produkt kindli- cher Fantasie, Weihwasser – ob aus dem Ganges oder aus christlicher Quelle – ist bestenfalls ein psychologisch wirksa- mes Heilmittel für unaufgeklärt-fromme Seelen. Trotzdem: Auch heute ist der Weg durchs Labyrinth ein gültiges Sinnbild der Geburt, nicht des körperlichen Prozesses, sondern der psychischen Geburt und des geistigen Zur-Welt-Kommens, ein Sinnbild der Emanzipation und der Selbstwerdung. Müt- ter, Väter und andere Erzieher sollten daher das Labyrinth als Erinnerungszeichen und Denkbild vor Augen haben, damit sie fähig werden, den jungen Menschen im rechten Augen- blick von sich zu entbinden und unbeschadet zur Welt zu bringen. Für das Zwitterwesen, das Mensch werden will, ist es Hinweis auf die Schwierigkeit dieses Unternehmens und zugleich Zusage des Gelingens, eine Ermunterung, den Weg ins Freie zuversichtlich zu gehen. [...]

Zwiespältig ist das Erleben dieser Abenteuerfahrt ins äußere Leben, eher beklemmend als heiter. Wenn der Rückweg in den verlorenen Garten Eden abgeschnitten ist, hilft nur noch die Flucht nach vorn: ins Ungewisse, ins Unvermeidlich- Labyrinthische. Das Missliche dabei ist, dass das Neugebore- ne gar nicht dazu gemacht ist, den Herausforderungen des äußeren Lebens gewachsen zu sein. Eher eine erbärmliche Früh- und Fehlgeburt als ein Märchenheld, der auszieht, das Fürchten zu lernen, liegt es völlig hilflos da, verlegen im wahrsten Sinne des Wortes, noch benommen von der Anstrengung des Wachwerdens. Wäre da nicht die Mutter, die es umfängt und stillt – es wäre verloren. Die Symbiose von Mutter und Kind, bewährt in der Zeit des vorgeburtlichen Lebens, setzt sich fort und findet ihre Vollendung in den ersten Tagen, Monaten und Jahren der Kinderzeit. Für den Säugling ist die Welt nahezu vollständig identisch mit der warmen, weichen, lächelnden Mutter. Die Wirklichkeit ist noch nicht aufgespalten in Ich und Nicht-Ich, sie ist noch eine Einheit, die Mama heißt, an der das Kleine teilhat. Aber die Welt außerhalb der Mama, die Nicht-Mutter, macht sich zunehmend mehr bemerkbar, nicht plötzlich, sondern gelegentlich, sozusagen in Schüben, in erträglichen Dosierungen. Nicht auszudenken, dem Kind würde im ersten Augenblick seines Erdenlebens das schrecklich-schöne Ganze unserer Welt unvermittelt vorgestellt!

Das Menschenkind hat den Mutterschoß, das Zentrum des Labyrinths, verlassen und seine Weltreise, die Reise in die Welt, begonnen. Noch ist es dem Ursprung ganz nahe, und in nächster Zeit kehrt es – sich entfernend, sich nähernd – immer wieder in pendelnder Bewegung in die Nähe des Zentrums zurück. Ist es, um neue Kraft zu schöpfen für den weiten, schwierigen Weg nach draußen? Indem es ihn neugierig-gespannt geht, vollzieht sich die Erkenntnis und Aneignung der Welt, zugleich die Entwicklung des Ichs. Früher sagte man Entwickelung und dachte dabei noch an den Vorgang des Auswickelns: beim Wickelkind aus der Wickel, der Windel herauswachsend, ursprünglich beim Spinnen aus dem Wollknäuel heraus den Faden bildend wie die Nabelschnur aus der Placenta. Der Weg der Entwicklung ist nichts anderes als der Ariadnefaden, der zum Labyrinth so notwendig gehört wie der Minotauros. Dieses Zwitterwesen, Sinnbild unserer frühen Existenz, macht den Ariadnefaden unbewusst zum Leitfaden seiner Entwicklungsgeschichte: In dialektischer Pendelbewegung strebt es dem Ausgang zu, in verwirrendem Hin und Her der Gefühle, vor und zurück, sich seines heimatliche Ursprungs vergewissernd und dann wieder weit ins Fremde ausgreifend, ängstlich zurückschauend und unreif regredierend, letztendlich aber mutig fortschreitend im Bewusstsein der Freiheit. So scheint es mit innerer Notwendigkeit den Ausgang zu gewinnen und ganz Mensch zu werden.

GEBOREN WERDEN

Bettine Reichelt

Geboren werden
Zur Welt kommen
Ein schmaler Pfad
Schwerstarbeit
Gelingen ungewiss
außer diesem:
Ein Ziel, erreichbar
hinter der Kurve scheint
Licht

Zur Welt kommen
Ich zu ihr
Nicht umgekehrt
Bin ich bereit für
Begegnung?

WOHER MEINE HILFE?

Psalm 121

Ich hebe meine Augen auf zu den Bergen:
Woher kommt mir Hilfe?
Meine Hilfe kommt vom Herrn,
der Himmel und Erde gemacht hat.
Er lässt deinen Fuß nicht wanken;
er, der dich behütet, schläft nicht.
Nein, der Hüter Israels schläft und schlummert nicht.
Der Herr ist dein Hüter, der Herr gibt dir Schatten;
er steht dir zur Seite.
Bei Tag wird dir die Sonne nicht schaden
noch der Mond in der Nacht.
Der Herr behüte dich vor allem Bösen, er behüte dein Leben.
Der Herr behüte dich, wenn du fortgehst
und wiederkommst, von nun an bis in Ewigkeit.

DAS LEBENDIGE LABYRINTH IN HELFTA

Hildegund Keul

Dem Leben eine Wende geben, vom Tod zum Leben umkehren – hierzu laden Labyrinthe ein. Zielgerichtet handeln heißt oft, Umwege zu machen, weite Wege in Kauf zu nehmen. Nicht immer ist die Mitte deutlich im Blick, auch wenn sie vielleicht ganz nah liegt. Nicht müde werden, den Spuren des Lebens folgen Schritt für Schritt und geführt von der Hoffnung, dass sich Christus als Mitte des Lebens offenbart. Labyrinthe sind kreative Lebensorte, die zur Meditation einladen. Sie sprechen alle Sinne an und lassen den Glauben an die Auferstehung vom Kopf durch den Körper wandern.

Das Labyrinth in Helfta ist als Ort des Lebens und Glaubens konzipiert. Frauenklöster waren im Mittelalter Lebensorte, die sich um Gesundheit an Leib und Seele kümmerten. Die Nonnen versorgten die Menschen der Umgebung mit Heilkräutern und wussten auch, welches Kraut wofür gewachsen ist. Diese Tradition wird in Helfta mit der christlichen Labyrinth-Tradition verknüpft, denn das Lebendige Labyrinth besteht aus Heil- und Heckenpflanzen. Figuren aus Weidengeflecht laden die Besucherinnen und Besucher ein, die frischen Weidentriebe in die Formen hineinzuflechten und so zum Wachstum des Labyrinthes beizutragen. Mechthild von Magdeburg hat zu Heilkräutern einen besonderen Spruch:

„Man soll mit den Heilkräutern
die Kranken laben,
die Gesunden stärken,
die Toten erwecken
und die Guten heiligen."
(Mechthild von Magdeburg, FLG VII, 36)

Mit seiner Herzform und in der Gestaltung der Mitte erinnert das Lebendige Labyrinth an das Erbarmen Gottes. Zum einen spielt das Herz als Symbol der Liebe, der Innigkeit und Zuneigung in der Mystik eine wichtige Rolle. Die Gesamtgestalt der Heilpflanzen und des Weidengeflechts, der Wege mit ihren Wendungen, bildet ein solches Herz. Zum anderen besteht die Mitte des Labyrinthes aus einem Weidenraum mit Rundbank, die etwa zehn Menschen zu Meditation und Gespräch Platz bietet. Hier kann das Erbarmen Gottes Raum finden, das heute in gnadenloser Zeit bitter notwendig ist. Die Barmherzigkeit Gottes spielt im Ersten Testament eine besondere Rolle. Sie ist die Mutter des Lebens, die das Schutzbedürftige in ihren Schoß aufnimmt, die neues Leben nährt und ihm Raum eröffnet. Die erste Bauphase begann im Frühjahr 2004 mit dieser Mitte und dem Lebenskreuz, um die sich die Wege des Labyrinthes bewegen.

Die Seele spricht zu Gott:

„Deine Barmherzigkeit
ist die Zuversicht meiner Seele
in einzigartiger Weise."
(Mechthild von Magdeburg, FLG I, 33)

„Hebräisch *racham* bedeutet ‚sich erbarmen', *rachamim* bezeichnet das ‚Mitgefühl' oder ‚Mitleid'. In allen diesen Wörtern steckt ein noch einfacheres, ursprünglicheres, nämlich *rächäm*, das Wort für den weiblichen Schoß, den Mutterschoß oder die Gebärmutter" (vgl. Schroer/Staubli 1998, 79). Das Wortfeld von *racham* umfasst sich erbarmen, lieben, Zärtlichkeit, Zuwendung. Aber nicht nur im Hebräischen, sondern auch im Mittelhochdeutschen sind das göttliche Erbarmen und der Mutterleib sprachlich miteinander verbunden. Das mittelhochdeutsche Wort „barm" bedeutet „Schoß". Wer im Spätmittelalter das Wort „Barmherzigkeit" oder „Erbarmen" hört, hat den Mutterleib als Bildspender vor Augen. Das Erbarmen, die Liebe Gottes ist der Ort, wo neues Leben wachsen kann, wo ihm Raum geschaffen wird und Nahrung zukommt. Die Metapher hierfür ist der Schoß der Frau, die Gebärmutter, die sich weitet für das noch unscheinbare, schutzbedürftige Leben, das in ihr wachsen will. Sie gibt dem neuen Leben Nahrung und alle Zuwendung, die es zur Entwicklung braucht.

Zu Mechthild von Magdeburg spricht die Stimme Gottes:

„Wenn Menschen in demütiger Furcht
inständig meine Barmherzigkeit suchen,
dann gehen ihnen die guten Werke nicht verloren;
und die Bitterkeit ihres Herzens würde zunichte,
und sie würden zu sich selber kommen.
Denn wer meine Barmherzigkeit sucht,
kann Finsternis nicht ertragen.
Alle, die sie suchen und stets anrufen,
die überwinden ihr Herzeleid.
Sie tröstet die Betrübten,
sie heilt die Wunden,
sie erfreut alle, die zu ihr kommen,
sie hat mir große Macht genommen."
(Mechthild von Magdeburg: FLG, VII, 62)

Indem das Labyrinth in Helfta an die göttliche Barmherzigkeit erinnert, wird es zu einem besonderen Ort der Spiritualität von Frauen. Es macht die Verbundenheit von Leib und Seele, Spiritualität und Alltag handgreiflich und erfahrbar. Außerdem eröffnet es einen Ort, an dem Gedanken der Mystikerinnen Schritt für Schritt auf den verschlungenen Wegen zur Mitte meditiert werden können. Zu diesem Zweck werden in Helfta Meditationskärtchen mit Zitaten aus dem Werk der Mystikerinnen angeboten. Die Mystik von damals erhält Raum und Zeit, um auf den bewegten Lebenswegen heute zu sprechen.

EIN OSTERWEG AUF SCHLOSS BEUGGEN

Einst lebte auf Burg Buckein am Rhein ein Mangold. Er lieb-
te das Spiel und den Trunk. Und über kurz oder lang war all
sein Geld verbraucht. Die Schulden wuchsen ihm über den
Kopf. So musste er sein Land verkaufen. Sein Land am
Rhein. Doch auch der neue Besitzer war nicht lange glücklich mit seinem Erwerb – oder war es gerade sein außeror-
dentliches Glück, dass ihn dazu trieb, das Land an einen Rit-
terorden zu geben? Sei es, wie es sei. Ritter Ulrich von
Liebenberg schenkt 1246 das Land dem Deutschen Ritteror-
den, damit er darauf ein Ordenshaus errichtet. Eine wechselvolle Geschichte begann. Umwege, ein Auf und Ab. Ein
Labyrinthweg. Aus Burg Buckein wurde Schloss Beuggen.
Bis 1268 errichtete der Orden ein Wasserschloss. Das Gebiet
um das Schloss entwickelte sich zu einer einträglichen
Pfründe für den Orden. Strategisch lag es eher im Abseits.
Das war ein Segen. Erst die Bauernkriege erreichten auch
das Schloss Beuggen. Man erstürmte die Burg und plünder-
te. Dabei vernichteten die Bauern auch einige Akten über
ihre Verpflichtungen. Der Komtur floh – und wurde evange-
lisch. Ein neuer Komtur übernahm die Verantwortung. Er
ließ das Schloss von Grund auf erneuern und erweitern. Er
soll gesagt haben: „Wo mein Vorgänger, der Schuft, durchge-
ritten ist, da soll hinfort kein Deutschordensritter mehr aus-
oder eingehen." Ein vollkommener Wandel, alles soll endlich
anders werden – und besser.
Aber nicht nur Deutschordensritter gingen in der Folgezeit
ein und aus. Im Dreißigjährigen Krieg wurde das Schloss
mehrfach erobert und geplündert. Wurde es besser? Waren
die Zeiten sicherer? Konnte man endlich in Ruhe auf dem
Schloss leben? Nichts von dem Erhofften ging je ganz in

Erfüllung. Und doch überstand das Gebäude alle Wechselfälle der Geschichte. Eine besondere Aufgabe des Ortes wurde der Schutz des Lebens: die Fürsorge für die Kranken.

1806, nach dem Reichsdeputationshauptschluss fiel Schloss Beuggen an den Landesherren: die Kirche. Nun lag das Wohl und Wehe der ehemaligen Krankenstube in den Händen der katholischen Ortsgemeinde.

Frieden war nicht in Sicht. Die napoleonischen Kriege zerstörten das Land und vernichteten unzählige Existenzen. Das Schloss als Lazarett war all denen eine Unterkunft, die noch mit dem Leben davongekommen waren. 1820 wurde es zum Kinderheim. Der Legende nach soll Caspar Hauser auf dem Schloss gefangen gehalten worden sein. Aber es war wohl nicht mehr als eine Sage ...

Das Kinderheim überdauerte die wechselvolle Geschichte des 19. und 20. Jahrhunderts. 1980 wurde es geschlossen. Wieder eine Wegbiegung. Was sollte aus dem Haus, dem Land, das so vieles erlebt hatte, werden?

Noch einmal griff die Kirche ein: Seit 1985 dient das Schloss als evangelische Tagungs- und Begegnungsstätte. Und weil die Kirche eingriff, begegnete auch ich dem Schloss, seiner Geschichte und dem, was es heute ist:

Im Jahr 2005 zog eine christliche Kommunität in einen Seitenflügel. Sie wollen miteinander Glauben leben. Aber ihr geistliches Leben soll auch ausstrahlen. Spürbar ist dies für den Besucher auf den ersten Blick im Park des Schlosses. Dort erwartet ihn ein Garten mit Pflanzen, die in der Bibel genannt werden, und, wie ich im Internet gelesen hatte, ein Labyrinth.

Unter der bereits kräftigen Frühlingssonne pilgerten wir, eine Freundin und ich, am biblischen Garten vorbei, auf den mächtigen Baum zu, unter dessen Schutz sich das Labyrinth befinden sollte. Aber was fand sich dort? Ein kaum sichtbarer Weg eines klassischen Labyrinths. Nur mit Mühe war es überhaupt möglich, die verwachsenen Wege abzuschreiten. Ich war enttäuscht und ärgerlich. Konnte die Kommunität ihre Internetseite nicht besser pflegen?! Sie hätte längst die Informationen zu diesem Labyrinth aus dem Netz nehmen sollen! Und außerdem brauchte man, um ein klassisches Labyrinth in den Rasen zu graben, ja nun wahrlich keinen eigens dafür abgestellten Künstler. Anleitungen dafür konnte man überall finden. Wozu hatte ich mich überhaupt auf den Weg gemacht? So viel zum Thema Ostererfahrung der besonderen Art, die ich mir versprochen hatte. Aber ich betrat dennoch das Labyrinth. Wenn ich schon einmal da war ...

Beim Abgehen der Wege schweifte mein Blick über den Rasen. Hinter dem Baum war eine kleine Hecke zu sehen. Winzig. Vielleicht hatte die Kommunität bereits einen eigenen Friedhof angelegt? Aber nach so kurzer Zeit? Das wäre sehr traurig, wenn sie das bereits bräuchten.

Meine Neugier war geweckt. Ich verließ den ohnehin kaum noch zu findenden Weg und trat an die Hecke. Die Hecke schützte keine neu angelegten Grabstätten, sie schützte ein neues Labyrinth. Ein Labyrinth, geboren aus den Hoffnungen der Kommunität und den Ideen eines Künstlers.

Langsam und andächtig schritt ich den Weg ab. Er wurde für mich zu einem Bild für die unberechenbaren Geschichten des Lebens. In meinen Füßen steckte noch das alte Labyrinth. Aufgegeben und doch anwesend. Und unter meinen Füßen lag das neu angelegte, künstlerische. Wie ein Symbol auch für die wechselvolle Geschichte des Schlosses, seinen geistlichen Ursprung, die verschlungenen Wege durch die Geschichte und das Ankommen in einer neuen geistlichen

Aufgabe. Darüber dachte ich beim Gehen nach. Wie oft bin ich geneigt, bei einer negativen Entwicklung aufzugeben? Wie oft meine ich, es gibt keinen anderen Weg? Und doch bleibt das Leben stärker, dauerhafter. So wie das Labyrinth in seinen beiden Formen hier neben dem Schloss: Das eine ist im Gras kaum mehr zu erkennen. Man muss schon genau hinsehen, wenn man den Weg finden will. Das zweite geschützt hinter einer kleinen Hecke und gut gepflegt. Das eine ein klassisches kretisches Labyrinth, das andere die Aufnahme der alten Form in neuem Gewand. Und immer ist es das eine Symbol, das zum Nachdenken auffordert, herausfordert, ermutigt: Du, Mensch, auch wenn du jetzt nicht weißt, wie dein Leben sich in den Boden der Geschichte einschreibt. Du bist dabei, deinen Weg hineinzutreten. Ob die anderen ihn wahrnehmen oder nicht. Er ist dennoch da. Du, Mensch, bist nicht der Boden für den Weg. Aber du bist der Wegmeister für deinen eigenen Weg, in allen Wendungen und Wandlungen. Und du wirst das Ziel erreichen – wie auch immer. Und du wirst den Weg zum Ausgang gehen mit der Mitte, die dich von nun an nicht mehr verlassen wird. Und dein Weg wird zu einem Teil des großen Weges werden, der zum Leben führt.

8 Die geschützte Stadt

> Wenn ihr aufhören könnt zu siegen,
> wird diese eure Stadt bestehen.
>
> *Warnung der Kassandra in*
> *Christa Wolf, „Kassandra"*

... WIRD DIESE EURE STADT BESTEHEN ...

Vermutlich aus den skandinavischen Ländern kam eine Form des Labyrinths in den deutschen Raum, die sich von den mittelalterlichen, meist horizontal angelegten Labyrinthen deutlich unterscheidet: die sogenannten Trojaburgen. Im nordischen Raum sind noch weit über 400 erhalten. Sie gehören zu den ältesten bekannten Labyrinthen überhaupt. Man schätzt, dass sie teilweise bereits in der Bronzezeit entstanden sind. Eine genaue Datierung ist kaum möglich, da niemand sagen kann, wann die Steine an ihren jetzigen Ort gelangt sind. Der Einfluss auf den deutschen Raum ist alt und nicht zu unterschätzen. So hat die Trojaburg z. B. auch Eingang in das Lied der Nibelungen gefunden.

Im Unterschied zu den flachen Labyrinthen, die in die Grasnarbe eingegraben bzw. den Boden eingelegt werden, besteht die Begrenzung des Weges aus einem kleinen – oder größeren – Steinwall; sie sind wesentlich beständiger als Rasenlabyrinthe. Vielleicht sind deshalb so viele erhalten geblieben.

Mythologisch sind diese Steinlabyrinthe mit der Sage vom Fall Trojas, aber auch mit dem Fall der Stadt Jericho verbunden. Es sind bedrohliche und für die Verlierer wenig freudvolle Mythen. Sie erzählen auf unterschiedliche Weise über die Sehnsucht nach einer Stadt, die unbezwingbar ist. Und doch: Auch diese Stadt findet ihren Meister. Auch diese Mauern werden überwunden. Die Mauern von Jericho fallen, nachdem das Volk Israel sieben Mal um die Stadt gezogen ist. Troja fällt durch List.

Auch im östlichen Bereich gibt es Berichte von einer vergleichbaren Stadt: die legendäre Stadt Skimangada. Auch sie fiel durch List. 1703 beschloss der Vatikan, die Mission in Indien und vor allem im Bereich Tibets voranzutreiben. Der Missionar Cassiano da Macerata verfasste im 18. Jahrhundert einen Bericht über diese seine Reise nach Indien und Tibet. Unter dem 29. Februar 1740 findet sich eine Eintragung, die Cassiano später ergänzte: Im Dschungel sei man auf die Ruinen einer Stadt gestoßen. Wie ihm später berichtet wurde, seien das die Überreste der Stadt Skimangada gewesen. Einst habe dort ein weiser König seine Stadt mit einer Vielzahl an Mauern geschützt. Es sei ein ausgeklügeltes System an Mauerumgängen und Hindernissen gewesen. Einer seiner Minister fiel in Ungnade und verriet die Stadt an die Muslime, die sie mit dem Wissen, das der ehemalige Minister ihnen vermittelte, – trotz des ausgefeilten Schutzanlage – stürmten und zerstörten. Der Sohn des Königs konnte entkommen und errichtete in Nepal ein neues Königtum. Cassiano wurden Münzen des Königs von Batgao gezeigt, auf deren einer Seite die Stadtmauern in der Form des klassisch-kretischen Labyrinths zu sehen waren. Er legte seinem Bericht eine Zeichnung des Labyrinthes bei, das das Mauersystem der Stadt darstellt. Andere berichten von einem in den Boden eingelegten Labyrinth in Batgao. Genauere Informationen zur Geschichte der Stadt und seinem Labyrinth fehlen allerdings bislang.

Im indianischen Mythos findet sich ebenfalls ein Labyrinth, in dem es um Schutz und Befestigung geht: the *man in the maze*. Es ist ein Mythos, der sich nicht leicht deuten lässt. Der Held Tcuhu soll das Volk der Pima durch viele Gänge an die Oberfläche geführt habe. Seine Wohnung ist dem Himmel nah, auf einem hohen Berg. Manchmal, nachts, soll er den Menschen den einen oder anderen Schabernack spielen und ihnen etwas entwenden. Er, der „ältere Bruder", verbirgt sich aber in seinem Haus. Noch nie ist es jemandem gelungen, den Weg zu ihm zu finden. Dennoch: Er gilt als „ein guter Freund der Seele", der den Menschen hilft, ihre Wertigkeiten zu überprüfen. Er führt sie von den vermeintlich wichtigen zu den wirklich wesentlichen Dingen des Lebens.

GELOBTES LAND

Wenn du ankommst, sind sie schon da
Kein Raum und Ort
für Neuankömmlinge
Die Mutter gießt Blumen
Und das Kind spielt
Und der Mann nimmt sie lächelnd in den Arm

Frieden

Wer möchte dann
dass die Mauern Jerichos fallen
fallen
außer auf sich?

WENN IHR AUFHÖREN KÖNNTET ZU SIEGEN

Sieg oder Niederlage. Dazwischen scheint es auch in der westlichen Gesellschaft nicht viel zu geben. Entweder – oder. Nicht: sowohl – als auch. Selbst wenn sich viele bemühen, die Härte des real existierenden Kapitalismus zu mildern. Die Realität sieht anders aus: Wer stark ist, setzt sich durch. Wer clever und klug, wer rücksichtslos genug ist und genügend Glück hat. Wer das Pech hatte, zur falschen Zeit in der falschen Familie geboren zu werden, wird es Zeit seines Lebens mindestens schwer haben. Man muss sich durchsetzen und man muss sich schützen. Man muss. Neben der Festung Europa, die viele Hilfesuchende als Wirtschaftsflüchtlinge abstempelt und ihnen den Eintritt verweigert, baut man an der Festung „Privathaus". Außen und innen. My home is my castle. Was interessieren mich andere, solange es mir gut geht? Aber auch: Was soll ich auf andere sehen, wenn es mir so schlecht geht? Das Leben ist ungerecht. In möglichst kurzer Zeit das möglichst große Geld und das dann bis an mein Lebensende, das scheint der Wunsch vieler zu sein. Scheinbar. Ein gesichertes Leben, ohne Umwege, ohne Scheitern und Neubeginn.

Und zugleich wird ein solcher Schutz angesichts der modernen Möglichkeiten immer absurder. Die Festung Europa fordert jedes Jahr ungezählte Menschenleben. Und sie wird die Wanderungsbewegung dennoch nicht aufhalten können. Die Möglichkeiten der Informationstechnik wie Google-Street-View führen den Rückzug ins Private ad absurdum. „Privatleben war gestern" soll der Facebook-Gründer Mark Zuckerberg gesagt haben.

Was wäre die Perfektionierung der Festung Europa für ein Sieg? Was wäre es für ein Schutz? Was hilft mir wirklich weiter? Troja, Skimangada und Jericho sind gefallen – trotz ihrer weise angelegten Mauern. Klugheit allein reicht offensichtlich nicht aus. Auch der Rückzug ins Private nicht. Selbst wenn ein Schutz für jeden notwendig ist. Die Höhe der Mauer, die Vielzahl der Umwege wird mein Leben nicht wirklich sicherer werden lassen. Es ist eine Frage des Maßes. Christa Wolf lässt ihre Kassandra den Trojanern sagen: „Wenn ihr aufhören könntet zu siegen, würde diese eure Stadt Bestand haben ..." Wenn ihr aufhören könntet zu siegen. Dieser mahnende Ruf tönt heute noch ebenso hart in den Ohren, wie zur Zeit der – mythologischen oder auch historischen – Kassandra. Ich kann es, auch durch noch so viele Umwege und Umgänge, nicht verhindern, dass meine Stadt fällt. Und vielleicht ist es gar nicht sinnvoll, meine Stadt vor jedem Fall zu schützen? Vielleicht reizt der perfekte Schutz zum Angriff?

Vielleicht ist es wie in der Schöpfungsgeschichte: Der Baum in der Mitte des Gartens Eden, der geschützte Baum, lädt geradezu ein, die festgelegte Regel zu übertreten. Und wäre da nicht einer oder eine, der die Frage stellt „Gibt es nicht mehr als alles?", würde die Geschichte nicht geschehen und nie erzählt werden. Ich komme, so gern ich es möchte, nicht umhin, meine Hand nach der Frucht auszustrecken, wohl wissend, dass ich damit eine Grenze überschreite, hinter die ich nicht zurückkann und die mich mehr kosten wird, als mir lieb ist. Und ich werde mich damit auseinandersetzen müssen, dass es Sieger und Verlierer gibt, Erkenntnis und Schuld. Es wird mich so lange begleiten, solange ich nicht aufhören kann, meine Hand nach der Frucht auszustrecken, solange allein das Ziel mich bestimmt.

Wenn man aufhören könnte zu siegen und den Weg ins Zentrum stellen würde, sähe die Geschichte anders aus. Meine

Wertigkeiten verändern sich. Nicht allein das Zentrum wäre wesentlich, sondern auch der Weg, der mich zu diesem Zentrum führt. Ob ich Tcuhu erreiche oder nicht, ist nicht das Einzige, was zählt. Es sich selbst und anderen wert sein, sich um diese Stadt zu mühen. Die Wertigkeiten überprüfen: Welcher Sieg macht glücklich? Welche Erfahrung bereichert mich wirklich? Welches Ziel lohnt den Weg?

GEHEILIGT

Jörg Zink

Heilig wird etwas, indem man es dem allgemeinen Gebrauch entzieht und es in seinen großen Zusammenhang stellt. Indem man es also schützt, vor Zerstörung, vor Verbrauch und Verriss. Tue ich das mit dem Wort „Gott", dann werde ich bemerken, wie auch in mir selbst etwas Kostbares entsteht und wächst. Ich werde bemerken, dass auch ich selbst auf rätselhafte Weise teilhabe am Heiligen, so dass ich danach auch mir selbst mit Sorgfalt begegnen kann und mich selbst mit neuen, anderen Augen ansehen darf: nämlich als einen Menschen, der heilig ist in Gottes Augen, den ich also schützen darf vor Verriss und Verbrauch.
Ich werde, indem ich „Vater" sage, das Wertvollste, das ich werden kann, ein Ort, an dem Gott ist; oder wie die Schöpfungsgeschichte sagt: sein Bild; oder wie Jesus es deutet: eine Tochter, ein Sohn Gottes.

DER SOHN

Bettine Reichelt

Sieg des Fragments
Der liebend-scheiternd-ohnmächtige Gott
Nur so
Einzig stark unter uns

Allein im Verzicht
Wirklich Leben
Natürliches, gütiges
Weitermachen, Neuanfangen, Lieben

Glaube?
Wenig genug
In einer todschwangeren Welt
Aber ein Ziel
Für den nächsten Schritt.

ICH LASSE MEINE VERPFLICHTUNGEN LOS UND VERTRAUE DARAUF, DASS ICH ZUR RECHTEN ZEIT DAS RICHTIGE TUN WERDE

Detlef Wendler

Werden Sie kritisch gegenüber Ihren eigenen Sätzen, die mit „Ich muss …" beginnen. Solche Sätze entsprechen nicht Ihrer Freiheit. Wenn Sie das von sich selbst Geforderte aus irgendeinem Grund nicht tun, fühlen Sie sich als Versager. „Ich muss", diese Worte legen wahrscheinlich schon den Keim zu einem unglücklich-deprimierten Gefühl. Sagen Sie stattdessen lieber: „Ich habe mir vorgenommen …", und denken Sie dabei: „Notfalls kann ich auch anders." Oder sagen Sie: „Ich bevorzuge …", und denken Sie dabei: „Ich kann auch damit leben, wenn ich es heute anders mache." „Ich muss heute meinen Haushalt machen!" Muss ich wirklich? „Ich finde es schön, wenn es mir heute gelingt, meinen Haushalt zu machen. Aber ich kann auch damit leben, wenn es auch irgendeinem Grund nicht gelingt."

Wenn Sie mehrere Verpflichtungen haben, gehen Sie sie kurz durch. Überlegen Sie, ob Sie für die zukünftigen Aufgaben heute schon etwas in der Vorbereitung tun können, und lassen Sie ansonsten los. Was wichtig ist, kommt wieder. Zur rechten Zeit werden Sie sich an Ihre Verpflichtungen erinnern und sie dann auch zur Zufriedenheit lösen. Haben Sie Vertrauen zu sich selbst und zu Ihrer eigenen Arbeitsfähigkeit. Es genügt, wenn Sie sich mit den Aufgaben von heute beschäftigen. […]

In der Gegenwart zu leben tut gut. Darüber gibt es eine traditionelle Geschichte aus dem Zen-Buddhismus. Ein alter Zenmeister wird gefragt, wie er es schafft, trotz seiner vielen Verpflichtungen so konzentriert zu sein. Er antwortet:

„Wenn ich liege, dann liege ich, wenn ich aufstehe, dann stehe ich auf, wenn ich sitze, dann sitze ich …" „Das tun wir doch auch, was tust du noch?", fragen seine Schüler. „Wenn ich liege, dann liege ich, wenn ich aufstehe, dann stehe ich auf, wenn ich sitze, dann sitze ich …" Seine Schüler unterbrechen: „Das tun wir auch, sage uns endlich, was das Besondere bei dir ist!" Der Meister antwortet: „Ihr tut das nicht. Wenn ihr liegt, dann steht ihr schon auf, wenn ihr aufsteht, dann sitzt ihr schon …"

Eine ähnliche Haltung zur Gegenwart zu entwickeln ist ein zentrales Anliegen Jesu: „Sorget euch nicht um den morgigen Tag. Es ist genug, wenn jeder Tag seine eigene Sorge hat. Seht die Lilien auf dem Felde und die Vögel unter dem Himmel, sie säen nicht, sie ernten nicht, und ihr himmlischer Vater ernährt sie doch. Seid ihr nicht viel mehr als sie? Wer ist unter euch, der seines Lebens Länge eine Spanne zusetzen könnte, wie sehr er sich auch darum sorgt?" (Matthäus 6).

9 Tanz des Lebens

Ich tanze, Herr, wenn Du mich führst.
Soll ich sehr springen,
musst Du anfangen zu singen.
Dann springe ich in die Minne,
von der Minne in die Erkenntnis,
von der Erkenntnis in den Genuss
über alle menschlichen Sinne.
Dort will ich verharren
und doch höher kreisen.

Mechthild von Magdeburg

ICH TANZE ...

*D*er Tanz gilt als eine der wichtigsten und ursprünglichsten künstlerischen Ausdrucksformen. Auch im antiken Griechenland waren alle Lebensvollzüge mit Tänzen verbunden. So ist es nicht überraschend, dass sich auch im Zusammenhang mit dem Labyrinth in ältesten mythologischen Überlieferungen der Tanz als Teil der Geschichte findet: Nachdem Theseus den Minotaurus getötet und mit Ariadne und den befreiten Geiseln Kreta verlassen hat, tanzen sie auf der Insel Delos den Kranichtanz (Geranos). Der Überlieferung nach wurden Tänzerinnen und Tänzer mit einem Band verbunden, das sie mit einer Hand festhielten und den Faden der Ariadne symbolisierte. Man tanzte in der Nacht bei Fackelschein. Die Männer sangen, die Frauen schwiegen. Der wichtigste Tänzer war der erste. Der Chorführer geleitete die Tänzer ins Labyrinth und wieder hinaus und hatte dafür zu sorgen, dass sich die Kette hinter ihm nicht verwirrte.

Der Kranich ist in diesem Zusammenhang ein symbolisches Tier: Es beginnt seinen Balztanz in der Nacht und beendet den Tanz mit dem Aufgehen der Sonne: „Von großer Uferhöhe konnte ich auf eine Lagune hinabschauen und sah Kraniche tanzen. Ihr Verneigen und Stolzieren, ihr Flügelschlagen und Drehen, ihre schwärmerischen Kreisflüge, ihre Sprünge, die hoch in die Luft gehen, ohne dass sie die Schwingen dabei entfalten, ihre Verneigung vor den Kollegen, ihr Humor – das ganze Gemache bezaubert. Es tanzen auch beide Geschlechter. Der Kranichtanz ist Glück, Spiel, Körperlust, Anmut, Gelenkfreude, Selbstgenuss der Bewegung, Tanz eben" (Erhart Kästner).

Die Tänzer bewegten sich entgegen dem Lauf der Sonne in das Labyrinth hinein, gingen auf diese Weise symbolisch auf den Tod zu, und schritten mit der Sonne auf den Ausgang zu, auf das neue Leben. Es ist nicht überraschend, dass der Tanz im Labyrinth häufig mit Frühlingsfesten verbunden war und, wie oben beschrieben, seinen Platz im Ostergottesdienst fand.

Symbolik und Lebensfreude verbanden sich in besonderer Weise. Vor allem aus dem skandinavischen Raum ist der Jungfrauentanz bekannt. Die Tänze wurden später zu Spielen: Ein Mädchen stand in der Mitte des Labyrinths, ein Junge sollte sie von dort herausholen. Er lief in das Labyrinth, nahm sie auf den Arm und musste sie, ohne die Begrenzung zu berühren, heraustragen. Bei Labyrinthen mit einem zweiten Ausgang konnte dieses Spiel als Wettbewerb ausgetragen werden.

Der Wettbewerb und die dazugehörende Lebensfreude inspirierten auch den Turnvater Friedrich Ludwig Jahn. Er ließ „Wunderläufe" bauen, in denen die Sportler Schnelligkeit und Geschicklichkeit üben konnten. Es war ein umfassendes Training sowohl des Gehirns als auch des Körpers. Nach 1817 verbreiteten sich die „Wunderläufe" bis nach Russland. Der „westlichen" Welt mit ihrer Orientierung auf Ziel und Erfolg entsprechend setzten sie sich aber nicht dauerhaft durch. Man wählte als Kampfbahn lieber „die langweiligste Verbindung zwischen zwei Punkten", die Gerade.

Heute werden diese Tänze, aber auch das Gehen im Labyrinth an sich, zunehmend therapeutisch genutzt. Die gleichmäßige Bewegung und die nötigen Wendungen helfen Personen mit Orientierungs- oder Gleichgewichtsproblemen, sich wieder besser im Raum zurechtzufinden. Im sportlichen Bereich fördert das Laufen im Labyrinth Körperwahrnehmung und -beherrschung. Das gezielte Gehen über Umwege auf eine Mitte hat positive Auswirkungen auf die Fähigkeit zur Konzentration.

Auch unser Projekt ließ uns diesen Zusammenhang bewusst werden. Die Kinder liebten es, jede Woche neu den gleichen Weg abzulaufen. Je nach Tagesstimmung rannten oder schlichen sie zur Mitte. Manchmal nutzten sie die Beete auch, um darüber hinwegzuspringen. Wer kam mit dem geringsten Anlauf am schnellsten in die Mitte? Wer kommt ohne abzubremsen um die Kurven?

Doch nicht nur wir nutzten das Gelände. Unsere Arbeit im Garten weckte das Interesse anderer Gruppen. Mit einigen trafen wir uns am Labyrinth und tanzten gemeinsam, andere gingen für sich den Weg ab und nutzten den geschützten Raum in der Mitte für eine Zeit der Stille. Andere wiederum beteiligten sich unaufgefordert an der Pflege, so dass das Labyrinth jeden Tag gegossen wurde und die Pflanzen auch den heißen Sommer gut überstanden.

Der September trat ins Land und das Labyrinth blühte und blühte. Das herrliche Wetter lockte uns jede Woche neben das Labyrinth. Wir saßen in der Sonne oder mähten – mit dem mittlerweile wieder reparierten Rasenfriseur –, gossen und freuten uns des Lebens.

Darüber hinaus beschenkte uns unser eigenes kleines Labyrinth mit dem Kontakt zu anderen Labyrinthbegeisterten in der Stadt. Ein Familienfest am Labyrinth im Park wurde zum Höhepunkt der Begegnungen. Musik, Tanz, Spielen und Basteln ließen Brücken zwischen bisher Fremden entstehen. Es gab keine Hüpfburg und keine Beschallung aus dem Radio. Jede Kleinigkeit war selbst organisiert und handgearbeitet. Es war ein Fest, wie es wohl in der Stadt sonst nur wenige gibt. Ein besonderer Nachmittag.

Das gute Wetter hielt bis in den Oktober. Er bescherte uns reiche Ernte: Das Labyrinth blühte. Aus den Wildkräutern kochten wir Tee. Die gelben Dolden der Studentenblumen leuchteten weit.

LOB DES TANZES

Aurelius Augustinus zugeschrieben

Ich lobe den Tanz, denn er befreit die Menschen von der Schwere der Dinge, bindet den Vereinzelten zur Gemeinschaft.

Ich lobe den Tanz, der alles fordert und fördert, Gesundheit und klaren Geist und eine beschwingte Seele. Tanz ist Verwandlung des Raumes, der Zeit des Menschen, der dauernd in Gefahr ist zu zerfallen, ganz Hirn, Wille oder Gefühl zu werden.

Der Tanz dagegen fordert den ganzen Menschen, der in seiner Mitte verankert ist, frei von der Begehrlichkeit nach Menschen und Dingen und von der Dämonie der Verlassenheit im eigenen Ich.

Der Tanz fordert den befreiten, den schwingenden Menschen im Gleichgewicht aller Kräfte.

Ich lobe den Tanz.

O Mensch, lerne tanzen, sonst wissen die Engel im Himmel mit dir nichts anzufangen.

LEBEN AUS GESELLIGER GNADE

Den Evangelischen ist es abhanden gekommen oder sie haben nie davon gewusst. Die Katholischen haben sich einen Rest bewahrt – zu Faselnacht, immer kritisch beäugt von anderen asketischeren Zeitgenossen. Nur der Süden hat damit kaum Mühe, mit dem Leben aus geselliger Gnade.
Die Gedichtzeile ist von Kurt Marti. Und es will mir partout nicht mehr einfallen, zu welcher Gruppe er gehörte. Er entzieht sich den Klischees. Wie gut. Die gesellige Gnade gilt allen – auch wenn sie vielleicht nicht von allen erfreut aufgenommen wird oder jeder etwas anderes darunter versteht. Dass uns die Gnade Gottes begegnet, mag ja den meisten noch verständlich sein. Aber dass diese Gnade gesellig ist?! Und das in einer Zeit, in der Geselligkeit mit banaler Biertischfröhlichkeit einhergeht. Dann doch lieber die ungesellige gnadenreiche Lebensweise der Wüstenväter, die so viele heute fasziniert.
Wie Leben aus geselliger Gnade sein kann, erfuhr ich an einem Abend, an dem ich nichts weniger als eben diese gesellige Gnade erwartet hatte: Geladen waren wir zu einem Empfang. Empfang, das klang für mich steif und unpersönlich. Eher etwas bedrohlich. Noch dazu galt dieser Empfang den Gästen der großen Armenienausstellung in Halle – und den Mitarbeitern. Am Nachmittag noch war ich durch die Ausstellung gegangen: Der gerettete Schatz der Armenier aus Kilikien. Eine Gruppe von Mönchen macht sich 1915 auf, den uralten Schatz der Kirche, die heiligen Gefäße, die Gewänder für die Liturgie aus dem Bereich der Zerstörung herauszutragen. Das Erbe, das heilige Erbe des armenischen Volkes in Sicherheit zu bringen. Es war ein Weg des Wahnsinns: mitten durch die Wüste, immer nah bei den Zügen der

Deportierten und damit auch immer nur eine Armlänge von denen entfernt, die das armenische Volk zu zerstören gewillt waren. Hätte nicht jeder vernünftige Mensch von einer solchen Reise abraten müssen und das Vergraben für sicherer gehalten? Aber sie reisten, sie wagten das Unfassbare. Und als der Wagen im Euphrat kippte und einige der liturgischen Geräte ins Wasser fielen, sprangen sofort Männer in den Strom, um die heiligen Geräte zu retten. Männer, die nicht wussten, ob sie den nächsten Tag noch erleben würden, die halb verhungert waren und mit gutem Recht jedes My ihrer geringen Kraft hätten für sich in Anspruch nehmen müssen. Und der Irrsinn gelang: Der Schatz erreichte Aleppo, reiste später nach Antelias in den Libanon und zeugt vom und für das Überleben ebenso wie für die Katastrophe der Vernichtung.

Wie kann man am Abend nach einem solchen Ausstellungsbesuch gesellig beieinander sitzen? Wie kann man die Bilder aus dem Kopf löschen und zum Tagesgeschäft übergehen, ohne sich selbst untreu zu werden? Gesellige Gnade – angesichts der Vernichtung? Sollte man nicht schweigen und beten?

Schweigen und Beten haben ihren Platz. Aber dieser Abend gehörte dem Blick auf die Gnade. Und so legten bald die ersten Armenier die Arme übereinander und begannen zu singen und zu tanzen. Sie tanzten, wie man vielleicht nur angesichts des Überlebens-Dennoch tanzen kann. Die Deutschen taten sich schwerer. Aber auch sie wurden von dem Leben angesteckt, dass diesen Abend trug. Dem Leben, das den Tod sieht und dennoch sich nicht geschlagen gibt, dass um eine Gnade weiß, die weit tiefer reicht und die die Trauer einschließt. Gnade. Gnade, die gesellig ist, ohne banal zu werden. Lebenstanz.

MANIFEST FÜR EIN LEBENSZEICHEN

Bettina Melzer

Labyrinthe sind lecker! Koste,
koste ihn aus, diesen einzigartigen
Weg zu dir. Du musst nicht verSTEHEN,
nur GEHEN, GEHEN. GEH und dein
Standpunkt wird nie mehr derselbe sein. Lach
dich ins Labyrinth, sieh, wie der Weg sich
kringelt. Labyrinthe lügen nicht. Sie führen dich
nicht in die Irre. Im Labyrinth
haben alle Leute Recht. Es ist das Licht
am Ende des Tunnels. Ein Leerraum,
der dich mit Wissen füllt. Das Labyrinth
lockert die Synapsen. GEH und du pendelst
der linearen Lebenslüge davon. Langsam
wird alles gleichgültig und du liest
in den Gesichtern: wer lächelt
statt zu toben, ist ein Labyrinthliebhaber.
GEH und verSTEH die Botschaft
der Mitte: Leg Labyrinthe auf
die Leerstellen der Welt.

10 Zur Mitte finden

Wer die Mitte erreicht wird umarmt.
Wer zurückgeht, trägt einen Schatz mit sich.

WER DIE MITTE ERREICHT ...

Das Labyrinth symbolisiert Wende und Wiedergeburt. Vielleicht wird mir beim Gehen neu oder erstmalig bewusst, dass mein Leben von einer Mitte bestimmt ist, auf die ich zugehe, von der ich mich entferne, die ich aber einmal erreichen werde. Im Labyrinth ist die Mitte zugleich der Endpunkt eine Sackgasse. Von hier aus geht es auf geradem Wege normalerweise nicht weiter. Ich kann dort verharren, mich zur Ruhe setzen. Aber wenn ich das Labyrinth verlassen will, muss ich mich um 180° drehen und den gleichen Weg zurückgehen.

Dieser Wendepunkt scheint das Ziel zu sein. Das liegt vor mir. Diesen Ort möchte ich erreichen. Er bestimmt die Handlung im Labyrinth, die Spielregeln gewissermaßen. An der Mitte ist der Weg ausgerichtet, egal wie groß das Labyrinth ist und egal in welcher Form. Ich kann die Mitte umkreisen, ich kann die einzelnen Sektoren abgehen, in einer Pendelbewegung hin- und zurücklaufen. Auch in den freien Formen hat die Mitte einen entscheidenden Einfluss auf die Form. Sie ist der Orientierungsort schlechthin. Sie gibt mir damit auch einen inneren Kompass vor. Wer weiß, an welcher Stelle sein Dreh- und Angelpunkt ist, hat eine Quelle der Kraft und eine Festigkeit im Leben, die ihn auch schwere Zeiten überstehen lässt.

Martin Buber sagte es in der ihm eigenen, von der Mystik und der Philosophie geprägten Sprache: „Solange der Himmel des Du über mir ausgespannt ist, kauern die Winde der Ursächlichkeit an meinen Fersen, und der Wirbel des Verhängnisses gerinnt." Diesen Satz zu meditieren, kann zum eigenen Zentrum führen: Zum Himmel des Du, zum Himmel Gottes, der über mir ausgespannt ist und zugleich tief in mir seinen Dreh- und Angelpunkt hat. Es ist eine Entdeckungsreise des Lebens, die in gewisser Weise an jedem Tag wie an einer Biegung erneut beginnt. Der Endpunkt des Weges reicht über den Tod hinaus. Im Lehrbereich des Labyrinthes ist die Stunde des Todes lediglich der Umkehrpunkt, an dem ich mich zu neuem Leben hinbewege.

Wo erlebten wir in unserem Projekt diesen Punkt? War es der Tag, an dem wir die Studentenblumen pflanzten? War es der Tag, an dem die ersten Blüten zu sehen waren? Oder war es zu der Zeit, als wir uns mit anderen trafen, uns anders und neu in die Augen sahen? Wissen wir immer, wann die Mitte erreicht ist, der Ort der Stille des Innehaltens und der Umkehr?

ZUM HAUS DES HERRN GEHEN

Psalm 122

Ich freute mich, als man mir sagte:
„Zum Haus des Herrn wollen wir pilgern."
Schon stehen wir in deinen Toren, Jerusalem:
Jerusalem, du starke Stadt, dicht gebaut und fest gefügt.
Dorthin ziehen die Stämme hinauf, die Stämme des Herrn,
wie es Israel geboten ist,
den Namen des Herrn zu preisen.
Denn dort stehen Throne bereit für das Gericht,
die Throne des Hauses David.
Erbittet für Jerusalem Frieden!
Wer dich liebt, sei in dir geborgen.

Friede wohne in deinen Mauern,
in deinen Häusern Geborgenheit.
Wegen meiner Brüder und Freunde will ich sagen:
In dir sei Friede.
Wegen des Hauses des Herrn, unseres Gottes,
will ich dir Glück erflehen.

SELBSTWERT

Monika Fröschl

Selbstwertgefühl ist das Wissen um den eigenen Wert, um die eigene Würde und die Einmaligkeit als Person. Das Erleben der eigenen Mitte lässt einen das eigene Selbstwertgefühl spüren. Wenn ich für mich wertvoll bin, werde ich auf mich achten: mich und meinen Körper pflegen, auf gute Ernährung und gute Getränke Wert legen. Das ist eine weitere wichtige Ressource für das eigene Gesundsein. Wer sich wertschätzt, schützt sich. Auch vor Krankheiten. Das können Impfungen sein, ein Kondom beim Geschlechtsverkehr zum Schutz vor AIDS oder das liebevolle Wahrnehmen auftretender Symptome. Wer sich wertschätzt, wird nicht trotz aufkommender Schmerzen im Knie den Marathon zu Ende laufen. Ebenso gilt: wer sich wertschätzt, wird achtsam mit seinen Gefühlen umgehen. Sie nicht verdrängen, sondern wahrnehmen. Wer es sich selbst wert ist, wird den Raum der Stille suchen, sich Zeit für Meditation oder Beten nehmen.

Wer Selbstwert verspürt, braucht keine Identifikation mit Menschen, Rollen, Arbeit, Leistung, Gesundheit, und Krankheit, sondern kann sein oder ihr spirituelles Selbst, die innere Heimat entdecken. Meistens orientieren wir uns zu sehr auf die Außenwelt. Mit Selbstvertrauen und Selbstwertgefühl werde ich immer unabhängiger vom Urteil anderer. Ich erhalte meinen Wert nicht dadurch, dass andere mich loben, sondern dadurch, dass Gott mich so wunderbar geschaffen hat. Zum Selbstwert gehört wesentlich die Selbstannahme. Mit meinen Licht- und Schattenseiten: das Leben zwischen Angst und Vertrauen, Liebe und Aggression, Disziplin und Disziplinlosigkeit. Das Leben beider Seiten gehört zu einem guten Selbstwert.

Auch das Sich-einlassen-Können auf andere, mitgehen und zuhören, kann mich ein Selbstwertgefühl spüren lassen. [...] Dazu gehört zunächst die Annahme seiner selbst. Zu sagen: Das bin ich. Das darf auch sein. Auch wenn ich mich über mich ärgere. Wunden werden, wenn ich sie heilen lasse, zu Quellen des Segens.

Zweitens ist es wichtig, bei sich zu sein. Den anderen keine Macht über mich geben. Wenn ich dauernd über Worte meines Chefs nachgrüble, gebe ich ihm zu viel Macht. Es sind seine Worte! Aggressionen zu verspüren und zu Grenzziehungen nutzen ist heilsam. Ich bin dann am meisten bei mir, wenn ich mich in meinem Leib fühle. Dies ist der dritte Weg. Zu spüren, dass ich Stehvermögen habe und dies einüben kann, gibt Sicherheit. Der Weg führt auch über den Glauben und die Meditation biblischer Texte. So steht in Jesaja 43,1–4: Fürchte dich nicht, denn ich habe dich ausgelöst, ich hab dich beim Namen gerufen. Wenn du durchs Wasser schreitest, bin ich bei dir, wenn durch Ströme, dann reißen sie dich nicht fort. Wenn du durchs Feuer gehst, wirst du nicht brennen ... weil du in meinen Augen teuer und wertvoll bist und weil ich dich liebe, gebe ich für dich ganze Länder und für dein Leben ganze Völker."

VATERUNSER, NEU GESAGT

Übertragung durch Jörg Zink

Vater,
du bist heilig.
Mach dein Wirken sichtbar.
Setze deinen Willen durch.
Gib uns das kommende Brot heute.
Lass uns neu anfangen,
wie wir dem einen neuen Anfang gewähren,
der an uns schuldig ist.
Führe uns nicht in die Gefahr,
deine Hand zu verlieren.
Und mach uns frei von der Macht des Bösen.
Denn in dir ist das All.
In deinem Geist ist die Kraft.
Du bist alles, was Licht ist.
Von einer Weltzeit zur anderen.
Das gilt. Das bleibt. Amen.

LEBEN VON DER MITTE HER

Basilius der Große

Gebet ist die Bitte um eine Gabe, die der Gläubige an Gott
richtet. Diese Bitte äußert sich aber durchaus nicht bloß in
Worten. Wir nehmen ja nicht an, dass Gott mit Worten (an
etwas) erinnert werden muss, dass er vielmehr, auch ohne
dass wir bitten, weiß, was uns frommt. Was wollen wir
damit sagen? Dass unser Gebet nicht in Silben aufgehen darf,
sondern dass die Kraft des Gebetes mehr in der Gesinnung

der Seele und in tugendhaften Handlungen, die auf das ganze Leben sich erstrecken, ruht. „Denn möget ihr essen", sagt Paulus, „oder trinken oder etwas anderes tun, tut alles zur Ehre Gottes!" Setzt du dich zu Tisch, so bete! Nimmst du Brot, so dank' dem Geber! Stärkst du den schwachen Leib mit Wein, so denk' an den, der dir die Gabe zur Freude deines Herzens und zur Behebung deiner Schwächen reicht! Ist die Einnahme der Mahlzeit vorüber, so soll damit die Erinnerung an den Wohltäter nicht vorübergehen. Ziehst du das Kleid an, so dank' dem, der es dir gegeben! Wirfst du den Mantel um, so wachse in der Liebe zu Gott, der uns für Winter und Sommer mit passenden Kleidern versehen hat, mit Kleidern, die unser Leben schützen […].

Ist der Tag vorüber, so danke dem, der uns die Sonne für das Tagewerk gegeben und das Feuer zur Erhellung der Nacht und zur Befriedigung der übrigen Lebensbedürfnisse verliehen hat! Die Nacht biete weitere Anlässe zum Gebet! Schaust du zum Himmel empor und betrachtest die Schönheit der Sterne, so bete zum Herrn der sichtbaren Welten, bete an den großen Meister des Weltalls, der alles in Weisheit gemacht hat! Siehst du die ganze lebende Kreatur im Schlaf versenkt, so bete wieder den an, der auch wider unseren Willen durch den Schlaf unsere Arbeiten unterbricht und durch kurze Ruhe uns wieder zur vollen Kraft kommen lässt.

11 Das Ziel

Wenn alles stille um den Menschen geworden ist,
feierlich wie eine sternenklare Nacht;
wenn die Seele, weltvergessen, allein ist mit sich selbst:
da tritt ihr nicht ein ausgezeichneter Mensch gegenüber,
sondern die ewige Macht selbst;
da öffnet sich der Himmel über ihr,
und das Ich wählt sich selbst oder vielmehr:
es lässt sich selbst ... gegeben werden.

Søren Kierkegaard

WENN ES STILLE GEWORDEN IST ...

Mitte symbolisiert den Ort des Todes, der in seiner Wende zum Anfang neuen Lebens wird. Neben den zahlreichen Umwegen ist die Mitte wohl das prägendste Moment in vielen Vorstellungen über das Labyrinth. Ich umkreise sie und/oder schreite den Raum um sie ab. Indem ich in gotischen Labyrinthen ein Kreuz abgehe, nähere ich mich den Fragen, die das Kreuz stellt: Was bedeutet Leiden, Vergehen für mich? Was heißt es, wenn mein Leben, mein Weg durchkreuzt wird?

Ich begegne symbolisch dem Handeln Jesu. Und der Weg führt mich auf ein Ziel zu. Was heißt es für mich, dort anzukommen? Gernot Candolini sagte in einem Interview: Im Grunde kommt jeder gern irgendwo an. Gilt das auch für mich? Möchte ich ankommen? Ist dieses Ankommen ein Endpunkt? Ein Neuanfang? Laufe ich nicht am Ende doch nur sinnfrei eine willkürliche Form? Die Fragen hören nicht auf, nicht die banalen und nicht die tiefsinnigen.

Jesus stellte sich dem End- und Wendepunkt seines Lebens, dem Kreuz. Für die Erbauer gotischer Labyrinthe galt damit: Er stellte sich der Mitte und fand so in Gott einen neuen Anfang. Erlösung, Loslösung von dem, was das Leben zerstört. Indem ich mich wie er der Mitte stelle, kann mir in seinem Kreuz das neue Leben begegnen. Dietrich Bonhoeffer sagte: Er wurde zu Mitte und Mittler für uns.

Wer das Labyrinth betritt, kommt mit Sicherheit an, wie groß der Umweg auch immer sein mag. Dies gilt ebenso für den Weg zu Gott. Auch wer den Weg zu ihm beginnt, wird eines Tages ankommen, wie groß und unübersichtlich die

Umwege auch sein mögen. Man kann es sich nicht oft genug selbst sagen: Wer den Weg beständig geht und die Mitte, das Ziel erreicht, hat alles erreicht. Er ist im Zentrum der Geborgenheit und wird als Gewandelter den Rückweg anders gehen. Das gilt. Auch wenn ich in meinem Leben gerade nichts davon spüre.

Seit den 50er Jahren ist die Diskussion um die Mitte aus dem theologischen und aus dem philosophischen Diskurs kaum wegzudenken. In einer rationalistisch geprägten Welt ist die Hoffnung nach einem Punkt in mir oder in meinem Leben, der Orientierung und Halt gibt, mehr als eine nebensächliche Fragestellung. Wie drängend sie sich stellt, zeigt unter anderem auch das zunehmende Interesse am Erlernen meditativer Techniken oder auch östlichen religiösen Richtungen wie dem Buddhismus.

Was ist die Mitte? Was bedeutet sie für mich? Wie kann ich zu dieser Mitte finden? Der Weg durch das Labyrinth und das Innehalten im Zentrum können mir helfen, meine Antwort auf diese Frage wieder und wieder neu zu formulieren. Endgültig wird diese Antwort nicht sein. Und doch wird mich diese Antwort einige Lebensschritte weitergehen lassen.

LASS DICH FALLEN

Joseph Beuys zugeschrieben

Lass dich fallen.
Lerne Schlangen zu beobachten.
Pflanze unmögliche Gärten.
Lade jemand Gefährlichen zum Tee ein.
Mache kleine Zeichen, die „ja" sagen und verteile sie überall
in deinem Haus.

Werde ein Freund der Freiheit und Unsicherheit.
Freue dich auf Träume.
Weine bei Kinofilmen,
schaukle, so hoch du kannst
mit deiner Schaukel bei Mondlicht.

Pflege verschiedene Stimmungen,
verweigere „verantwortlich zu sein",
tu es aus Liebe.
Glaube an Zauberei, lache eine Menge.
Bade im Mondschein.

Träume wilde phantasievolle Träume.
Zeichne auf die Wände.
Lies jeden Tag.
Stell dir vor, du wärst verzaubert.
Kichere mit Kindern. Höre alten Leuten zu.

Spiele mit allem.
Unterhalte das Kind in dir, du bist unschuldig.
Baue eine Burg aus Decken, werde nass, umarme Bäume,
schreibe Liebesbriefe.

AUF DER SUCHE NACH DER MITTE

Die Mitte zu finden bedeutet Menschlichkeit. Und Menschlichkeit kann ich nie für mich allein erreichen. Sie ist ein Kennzeichen der Gemeinschaft. Mensch bedeutet Menschen, sagt ein afrikanisches Sprichwort. Wir sind aufeinander angewiesen. Auch wenn das in der westlichen Kultur zu oft nur noch in Verbindung mit Verbindlichkeiten wahrgenommen wird: Kinder brauchen Erwachsene. Und Senioren brauchen Helfer. Und wer kein Geld hat, braucht Unterstützung. Sozialschmarotzer oder erfolgreich im Leben stehen. Dazwischen scheint es wenige Möglichkeiten zu geben. Der Mensch ist dem Menschen eine Last.

Ist das alles, was wir über den Menschen zu sagen haben? In einem Blog schrieb einer: In der Antike war der Mensch das Maß aller Dinge. Jetzt bedeutet der Mensch Maßlosigkeit. „Das Suchen und Trachten des Menschen ist böse von Jugend auf." Der Mensch als Wolf. Menschen, die sich gegenseitig vernichten, verlieren einen wesentlichen Teil ihres eigenen Menschseins. Sie verlieren ihre Menschlichkeit ebenso sehr wie die Opfer. Das ist realistisch. Aber nicht hilfreich.

Die Mitte zu finden bedeutet, sich auszusöhnen mit den Verletzungen und Umwegen. Im Gleichgewicht zu sein. Weder aggressionslos noch zu freundlich, weder nur Körper noch nur Geist, weder nur angekommen noch nur unterwegs. Im Zentrum des Taifuns kann ein Kind schlafen. Noch ein Sprichwort, dass etwas über die Mitte verrät. Die Spannungen bleiben, aber sie sind in sich ausgewogen. Der Mensch kann atmen und leben. Und er kann atmen und leben lassen. Die Mitte ist fragil. Es gelingt im Leben nie für lange Zeit, sich in dieser ausgeglichenen Spannung wiederzufinden. Ein

Moment, ein Ankommen – und dann ein Weitergehen. Im Idealfall geht die Erfahrung der Mitte mit: Der Mensch, der ein Täter war, könnte seine Aggressionen unter Kontrolle halten und sich selbst annehmen. Nicht immer, aber immer wieder. Der Mensch, der zum Opfer wurde, könnte sich wehren und den Schmerz loslassen. Nicht an allen Tagen, vielleicht, aber doch immer wieder neu.

In der Mitte zu sein hieße akzeptieren, dass der Mensch nicht zum Engel werden sollte – oder doch nur sehr gelegentlich. Er ist Mensch, nie ganz gut. In der Mitte zu sein hieße, dass der Mensch nicht zum Teufel werden darf – oder doch nur sehr selten. Er ist Mensch, nie ganz schlecht.

Die Mitte zu erreichen ist auch eine Sehnsucht. Wer das könnte, der wäre bei sich, ohne sich abzuschotten. Er wäre Mensch unter Menschen. In jeder Lebenslage: ob gesund oder krank, ob fröhlich oder traurig, ob bedürftig oder gebend. Was für eine Sehnsucht! Was für ein Weg ...

WUNSCHZETTEL FÜR MICH UND DICH

Ich wünsche mir,
dass meine Kinder glücklich sind
und dass sie lachen können –
sei es auch unter Tränen.

Ich wünsche mir,
dass meine Freunde treu sind
und dass sie mich auch dann noch mögen,
wenn ich unnütz bin.

Ich wünschte, ich könnte
auch in Zukunft einen Scherz verstehen
und nicht bitter werden unter den Schlägen,
die das Leben für mich bereithält.

Und lieben möchte ich können, lieben
trotz allem, was dagegen spricht,
offen, verletzlich und voller Vertrauen
sagen können:
Es ist dennoch gut.

12 Der Weg der Liebe

Nun aber bleiben
Glaube, Hoffnung, Liebe,
diese drei.
Aber die Liebe
ist die größte unter ihnen.

1. Korinther 13,13

GLAUBE, HOFFNUNG, LIEBE

Der Weg in das Labyrinth hinein, auf ein Ziel zu, wird immer wieder als Weg des Helden beschrieben: Es gibt eine Aufgabe, ein Ziel. Wer das erreicht, ist wer, hat etwas vorzuweisen. Waren wir Helden, als wir zu unserem Projekt aufbrachen? Waren wir Sieger, als es uns gelang, wirklich ein blühendes Labyrinth im Garten zu schaffen?

Wer das Labyrinth dann verlässt, möchte oft schnell nur noch nach draußen. Zeitmanagement. Ist es nicht Zeitvergeudung, den gesamten Weg noch einmal zu gehen? Noch einmal all das zu sehen, was ich schon gesehen haben, zu hören, was ich schon gehört habe?

Theseus braucht für den Weg zum Minotaurus keinen Faden. Den findet er allein. Aber der mühevolle Rückweg, ohne Erfolg und ohne ein konkretes Ziel. Dieser Weg ist schwer. Am liebsten möchte man ihn gar nicht antreten. Theseus hatte Unterstützung durch Ariadne. Und wir? Was war unser Rückweg? Wie verließen wir den Ort?

Der Rückweg ist nicht zu unterschätzen. Er ist ein wesentlicher Teil der Erfahrung. Nur wer den Rückweg zu gehen lernt, kann wirklich ankommen. Wer den Rückweg nicht bedenkt, erringt vielleicht einen Erfolg, aber das Ziel und die Weisheit des Weges bleiben ihm verwehrt. Oft genug wird dieser Weg aber auch gar nicht angetreten. Wer hat schon ausreichend Zeit einen Pilgerweg auch zurückzugehen? Die meisten Pilger verlassen Santiago de Compostella mit dem Flugzeug oder dem Zug. In früheren Zeiten war dies nicht möglich. Wer den Weg zum Ziel gegangen war, musste den Rückweg ebenso auf sich nehmen. Es ist anzunehmen, dass auch den Menschen damals ein schnelleres Nach-Hause-Kommen lieb gewesen wäre. Aber noch einmal wird ihnen alles abgefordert. Manchmal wird dieser Teil des Wegs deshalb auch als der der Liebe und der Demut bezeichnet.

Für uns war der Rückweg aus den Zeiten der Pflege, des Ziels, des Erfolgs auch eine Herausforderung. Der nahende Winter machte den Wandel deutlich. Die Spiele draußen wurden weniger. Eine andere Art von Pflege setzte ein, wenn uns der Regen nicht im Haus hielt. Wir wurden mehr und mehr zu Beobachtern. Im November ließen die Blüten die Köpfe hängen. Der Winter zeigte sich. Wir sahen mit Wehmut die braun werdenden Blätter, das Abfallen der letzten Blüten. Es war ein stiller, schmerzlicher Abschied. Der Weg zur Mitte wurde zum Weg der Trauer. Mehr und mehr der Pflanzen zogen sich in die Winterruhe zurück.

Im Dezember wurde es gänzlich still um das Labyrinth. Grau und unscheinbar standen die Reste der Pflanzen. Alles lag wie tot. Ein schmerzlicher Anblick. Und der Schnee blieb aus. Er hätte uns neue, heitere Spiele möglich gemacht. Aber so?

Zugleich stellten sich neue Fragen: Was sollte aus dem Labyrinth werden? Können wir es ein weiteres Jahr hegen und pflegen? Vielleicht gedeihen die Sonnenblumen im neuen Jahr? Wer weiß, was vor uns liegt? Sicher schien uns nur, dass es einen neuen Frühling geben wird.

ABSCHIED VOM LABYRINTH IN HELFTA

Wir gingen ein letztes Mal den Weg des Labyrinthes und als wir diesmal den Leibraum im Zentrum erreicht hatten, spürte ich, ich war angekommen in der Mitte, in meiner Mitte. Ich hatte die Verbindung zu dem DU, das wir Gott nennen. Die Worte der frommen Frauen von einst hatten auch in mir zu klingen begonnen: „Du bist wie der Strom unschätzbarer Freuden, du bist wie ein blühender Frühling, wie eine zauberhaft lockende, beseligende Melodie" (Gertrud von Helfta).

Wir gingen den Weg zurück, sahen das keimende Grün, einige Knospen, die Beete bereit, in wenigen Wochen üppig zu blühen.

Wir nahmen Abschied von den Frauen, mit denen wir in diesen Tagen durch gemeinsames Beten, Meditieren und Arbeiten verbunden waren, mit denen wir ein kurzes, aber nicht unwesentliches Stück unseres Lebensweges gegangen waren.

Wir gingen zurück, verließen Helfta und nahmen das DU mit, um es in unser Leben zu integrieren.

NEUE LEBENSFREUDE

Cyrill von Alexandrien

Es kehren heim die vom Herrn Befreiten, mit Jauchzen ziehen sie nach Sion, und um ihr Haupt schwebt ewige Freude.
Jesaja 35,40

Im Zeichen des Frühlings stehen die Tage, die jetzt angebrochen sind. Dahin ist das trübe Gesicht des Winters; und als hätte sie sich gebadet, strahlt die Sonne im reinen Lichtglanz und lässt Berge und Täler, Wälder und Felder in köstlicher Schönheit schauen. Es knospet allenthalben, und im Schmuck der Blätter und Blüten verjüngt sich die Erde. Fröhlich trillert der Hirt in süßen Liedern; in lustigem Übermut hüpft das Kälblein mit der Mutter über die grünen Matten. Schon brechen an den Reben die jungen Triebe hervor und klammern sich wie mit Fingern in tausend Windungen an die Stecken, um dann die herrliche Frucht ihrer Trauben an hohen Ranken darzubieten.
Aber so viel man zum Lobe der wiederkehrenden Blütezeit sagen möchte, es wäre wenig ohne das neue Leben dessen, der unter allen Geschöpfen auf Erden der erste ist: der Mensch. Im Frühling gedenken wir der Auferstehung Christi, im Zeichen des neuen Lebens. Da Christus für uns Mensch geworden, hat er für uns den geistigen Frühling erscheinen lassen, und wenn wir, die Liebe Gottes durch ihn lebend, Gottesmenschen geworden sind, sind wir aus Toten zu Lebenden geworden und werden, „indem wir im Geiste leben, auch im Geiste wandeln" (Gal 5, 25).

SEGEN, HEUTE

Maria

Sei gesegnet in deinen Füßen,
die dich tragen in allem, was du bist.
Sei gesegnet in deinen Beinen,
die dich dahin bringen, wo du das lebst, was jetzt wichtig ist.
Gesegnet sei in deinem Leib,
dass dir die Wärme und die Lust, die Liebe
und die Schmerzen zur ständigen Quelle deines Lebens
werde.
Sei gesegnet in deinem Herzen,
dass dir die Güte einen Lichtkranz um dein Herz entstehen
lässt
und alles Blut hell pulsiert.
Sei gesegnet in deinen beiden Schultern, Armen und Händen,
dass du klar weißt, was zu tragen ist, zu geben oder abzuwehren.
Gesegnet sei in deinem Hals, Nacken und Kopf,
dass gute Gedanken deine Schöpferkraft fördern
und das Lächeln deines inneren Friedens dich verschöne.

Sei gesegnet. Jetzt.

Labyrinthe in Deutschland

Kath. Pfarrei Heilige Familie
(klassisch/Granitstein und Rasen)
Pfarrer Vinzenz Brendler
Meußlitzer Str. 108
01259 Dresden

Kloster Helfta (klassisch/Kräuter,
Weide und Hainbuche)
Barbara Striegel
Lindenstraße 36
06295 Lutherstadt Eisleben
Tel. 03461/215 787

Evangelische Kirchengemeinde Süd-
ende (klassisch/Granitsteine)
Silvia Schnoor
Ellwanger Str. 9
12247 Berlin
Tel. 030/7 743 045

Zisterzienser-Klosterkirche (klas-
sisch/Rasen und Kopfsteinpflaster)
Pfarrerin Sabine Müller
OT Bredereiche
Dorfstrasse 33
16798 Fürstenberg-Havel

Margarethenhof
(Chartres/Feldsteine)
Thomas Schollas
Nordelbisches Männerforum
23714 Bad Malente
Tel. 0431/55 779 422

Steinzeitpark Dithmarschen
(klassisch/Feldsteine)
Rüdiger Kelm
Projektleitung AÖZA
Bahnhofstr. 23

25767 Albersdorf
Tel. 04835/950 293

Lutherstift in Falkenburg (klassisch/
Pflastersteine und Kräuter)
Thomas Roth
Hauptstr. 30
27777 Ganderkesee
Tel. 04222/921 519

Eckardtskirche (Gotland/Pflasterstei-
ne und Rasen)
Küster Kottsieper
Paracelsusweg
33689   Bielefeld – Eckardtsheim
Tel. 0521/1 441 423

Katholisches Pfarramt in Geisa (klas-
sisch/Pflastersteine und Rasen)
Pfarrer Uwe Hahner
Schulstraße 16
36419 Geisa/Rhön

Bildungs- und Ferienstätte Eichsfeld
(Amiens/Pflastersteine)
Uwe Schröter
Eichenweg 2
37318 Uder
Tel. 036083/42 311

St. Petri-Kirche
(Knidos/Ruhr-Sandsteine)
Barbara v. Bremen
Westenhellweg
44137 Dortmund
Tel. 0231/7 214 173

Pfarrkirche St. Mariä-Himmelfahrt
(Chartres/Pflastersteine und Rasen)
Ludger Dahmen – Pastoralreferent
Hohe Rheinstraße 8
46459 Rees

Priorat St. Benedikt
(klassisch/Wackersteine)
Br. Linus
Benediktstr. 19
49401 Damme

Stift Börstel (Otfrid/Bäume, Schein-
zypressen und Heimlocktannen)
Äbtissin Britta Rook
Börstel 1
49626 Berge OT Börstel
Tel. 05435/9 542 0

Evangelische Christuskirche
(Sens/Stein)
Pfarrerin Christine Breitbach
Werderstraße 11
50672 Köln
Tel. 0221/512 568

St. Severin (Amiens/Pflastersteine)
Im Ferkulum 29
50678 Köln

Klosterruine Disibodenberg
(Ariadnefaden/Erde)
auf dem Gelände des Klosters
bei der Frauenklause
55571 Odernheim/Glan
Tel. 0671/44 206

Kirchplatz St. Peter und Paul
(Chartres/Pflastersteine)
Peter-Paul-Straße 9
57074 Siegen
Tel. 0271/330 770

Parc de Tarbes
(Knidos/Holz und Wiese)
Werner-Christian Jung
Evangelische Landjugendakademie
Altenkirchen
Dieperzbergweg 13-17
57610 Altenkirchen
Tel. 02681/95 160

Katholisches Pfarramt St. Bonifatius
(gotisch/Steine)
Oberer Kalbacher Weg 9
60437 Frankfurt/M. Bonames
Tel. 069/50 1201

Katholische Kirche St. Sebastian
(Chartres/Holz, Erde, Kies und
Pinienmulch)
St. Sebastianstraße 2
61440 Oberursel-Stierstadt

Katholische Pfarrkirche Heilig Kreuz
(Bayeux/Steinpflaster)
Pfarrer E. F. Schließmann
Weserstr. 3
64625 Bensheim-Auerbach

Kloster Höchst (klassisch/Holzspäne
und Buchsbäume)
Jugendbildungsstätte und Tagungshaus
der EKHN
Kirchberg 3
64739 Höchst im Odenwald
Tel. 06163/9 330-0

Franziskanisches Zentrum für Stille
und Begegnung (Chartres/Wiese)
Markus Laibach
Kreuzweg 23
65719 Hofheim
Tel. 06192/99 040

Garten der evangelischen Kirche
(Chartres/Stein)
Kaiser-Friedrich-Ring 46
66740 Saarlouis

Alsenborner Lebenspfad (Chartres/
Holz und Sandstein)
Gemeindereferentin Marlies Gehrlein
Leiningerstraße 91
67677 Enkenbach-Alsenborn
Tel. 06303/7 098

Katholische Pfarrei St. Joseph
(Chartres/Pflastersteine)
Prälat-Foltz-Str.1
67714 Waldfischbach-Burgalben
Tel. 06333/2 412

Kirchplatz (Chartres/Pflastersteine)
Kirchäckerstr. 12
70437 Stuttgart-Zazenhausen
Tel. 0711/842 467

Katholische Kirche St. Albert
(Chartres/Kies und Pflanzen)
Wollinstrasse 55
70439 Stuttgart
Tel. 0711/98 793 879

Wege des Glaubens
(Chartres/Rasen)
Ludwig Thon
Alter Friedhof bei der ev. Kirche
75335 Dobel
Tel. 07083/2 459

Pfarrgemeinde St. Michael
(Bayeux/Sand und Pflastersteine)
Norbert Kasper, Pastoralreferent
Moosbronner Straße 3
76571 Gaggenau
Tel. 07225/1 473

Altarraum der Kirche St. Konrad
(Ravenna/Steinplatten)
Pfarrbüro St. Konrad
Rennweg 45
79106 Freiburg im Breisgau
Tel. 0761/5 559 743

Schloß Beuggen
(gotisch/Kalkstein und Rasen)
Evangelische Tagungs- u. Begegnungsstätte
79618 Rheinfelden

Auferstehungskirche beim Wald-
friedhof (Chartres/Granitpflaster)
Wadlhauser Straße
82057 Icking

Pfarrkirche zu den Heiligen Schutz-
engeln (Chartres/Pflasterklinker und
Granit)
Pfarrer Albert Bauernfeind
Hauptstraße 2
82223 Eichenau
Tel. 08141/3 782-0

Evang.-Luth. Pfarrgemeinde Christuskirche Prien (klassisch/Granit-
steine)
Kirchenweg 13
83209 Prien am Chiemsee
Tel. 08051/1 635

Schloss Altenburg
(klassisch/Steinplatten und Rasen)
Haus der Stille - Haus der Stille e.V.
Evangelisches Meditationszentrum
Altenburg 6
83620 Feldkirchen-Westerham

Kardinal-Döpfner-Haus
(Ravenna/Steinplatten und Kies)

Domberg 27
85354 Freising
Tel. 08161/181-0

Franziskanisches Zentrum
(Chartres/Ziegelsteine und Rasen)
Pater Siegbert Mayer
Sebastianstr. 24
86153 Augsburg
Tel. 0821/416 178

Familien des evangelischen Gemein-
devereins (nach Bougthon Green/
Lechkiesel und Rasen)
Rosemarie Lang
Kohlstattstr. 2
86424 Dinkelscherben
Tel. 0 82 92/3 235

Katholisches Evangelisationszentrum
Maihingen (Chartres/Granitpflaster
und Rasen)
86747 Maihingen
Tel. 09087/92 999-0

Altarraum der ev. Auferstehungs-
kirche (Chartres/Stein)
Pfarrerin Ingrid Ossig
Am Hammerbach 14
88175 Scheidegg
Tel. 08381/948 561

Kloster Sießen
(gotisch/Rasen und Stein)
Sr. M. Susanne Schlüter
Postfach 1451
88343 Bad Saulgau
Tel. 07581/80 107

Kloster Heiligkreuztal (Ravenna/
Pflasterstein und Rindenmulch)
Stefanus-Bildungsstätte

Herr Brändle
Am Münster 11
88499 Heiligkreuztal
Tel. 07371/18 613

Exerzitienhaus „Maria Hilf"
(klassisch/Rasen und Sägemehl)
Sr. Edith Bilstein
Ludwigstr. 16
93413 Cham
Tel. 09971/2 000-30

Evangelische Kurseelsorge
(klassisch/Rasen, Drosselfels und
Wasser)
Pfarrer Jan Peter Hanstein
Kaiser-Augustusstr. 2
93333 Bad Gögging
Tel. 09445/750 073

Bayreuth-Friedenskirche
(Ravenna/Granitsteine)
Pfarrer Reinhold Zagel
Friedenstr. 3
95447 Bayreuth
Tel. 0921/65 229

Autobahnkirche St. Christopherus
(Chartres/zweifarbiges Betonpflaster)
an der Kreuzung A9 und B303
Pfarrer Peter Klamt
Maintalstr. 121
95460 Bad Berneck
Tel. 09273/374

Schöpfungsweg (Ravenna/Wiese,
Lavendel und Stein)
Klaus Schwaab
Umweltbeauftragter der Erzdiözese
Bamberg
Kreuzung Frutolfstraße / Ottobrunnen
96049 Bamberg

Benediktushof (Knidos/Rasen)
Zentrum für spirituelle Wege
Klosterstraße 10
97292 Holzkirchen / Unterfranken
Tel. 09369/9 838 -11

Abtei Münsterschwarzach
(Chartres/Pflastersteine)
Pausenhof des Egbert-Gymnasiums
97359 Münsterschwarzach
Tel. 09324/20 260

Labyrinthe in Österreich

Pfarre Südstadt (Chartres/Stein)
Theißplatz 2
A-2344 Maria Enzersdorf-Südstadt
Österreich

Kreuzschwestern (Chartres/Stein)
Bruckergasse 24
A-6060 Hall in Tirol
Tel. 0043/5223/576 163 090

Pfarre St. Christopherus
(Ur-Typ/Stein)
Rohrbach 37
A-6850 Dornbirn
Tel. 0043/5572/23 590

Kleines harmonisches Labyrinth
(variables Labyrinth/Stahlrohr)
Gemeindeamt Bildein
Florianigasse 1
A-7521 Bildein

Haus der Stille
(Chartres/Pflastersteine)
Rosental 50
A-8081 Heiligenkreuz a.W.
Tel. 0043/3135/82 625

Stift St. Georgen am Längsee
(Chartres/Erde und Stein)
Bildungshaus-Hotel-Projektwerkstatt
Schlossallee 6
A-9313 St. Georgen/Längsee
Tel. 0043/4213/2 046

Labyrinthe in der Schweiz

Ergosom Zentrum
(kretisch/Stein und Rasen)
Oberer Kanalweg 8
CH-2560 Nidau
Tel. 0041/32/333/2 704

Mäanderlabyrinth
(klassisch/Marmor)
Hl. Geistkirche
Thiersteineralle 51
CH-4053 Basel

Lassalle-Haus
(kretischKies und Rasen)
Zentrum für Spiritualität, Dialog und
Verantwortung
Bad Schönbrunn
CH-6313 Edlibach ZG
Tel. 0041/417 571 414

Evang. Tagungs- und Studienzen-
trum Boldern
(baltisches Rad/Rasen)
Boldernstrasse 83
CH-8708 Männedorf
Tel. 0041/449 217 111

Textquellen

Gernot Candolini, Das Geheimnisvolle Labyrinth © Verlagsgruppe Droemer Knaur GmbH & Co. KG München 2008.

Gernot Candolini, Im Labyrinth sich selbst entdecken © Verlag Herder GmbH, Freiburg im Breisgau 6. Auflage 2008.

Brian Draper, Spirituelle Intelligenz – Wege zum sinnerfüllten Leben © 2010 Präsenz Kunst & Buch, Hünfelden Gnadenthal. Übersetzung Maren Klostermann

Hermann Einmüller, aus Hörbuch „Wie mit neuen Augen" © Robert Haas Musikverlag, 87439 Kempten.

Monika Fröschl, „Die heilende Kraft des Labyrinths" © Don Bosco Verlag, München 2009, 1. Auflage.

Theresia Hauser, Von Dir berührt. Gebete und Gedanken © Schwabenverlag AG, Ostfildern 1999.

Hermann Hesse, Sämtliche Werke, Band 10: Die Gedichte. © Suhrkamp Verlag Frankfurt am Main 2002.

Helmut Jaskolski, Das Labyrinth. Symbol für Angst, Wiedergeburt und Befreiung, Stuttgart 1994 © Rechte beim Autor. www.jaskolski.de/labyr_kap_4.htm.

Hildegund Keul, Das lebendige Labyrinth in Helfta. Rechte liegen bei der Autorin.

Bettina Melzer, Manifest für ein Lebenszeichen. Rechte bei der Autorin.

Thomas Merton, Zwiesprache der Stille. Übersetzt aus dem Englischen von Hans Kliche © der dt. Übersetzung Patmos-Verlag der Schwabenverlag AG Ostfildern/ Düsseldorf 2002.

Linus Mundy, Das Geh-Betbuch © Verlag Herder GmbH, Freiburg im Breisgau 1998.

Käthe Recheis u. Georg Bydlinski (Hrsg. u. Übers.): Kreisender Adler, singender Stern. Indianische Spiritualität, Herder, Freiburg-Basel-Wien 1998, © der Übertragung bei den Herausgebern.

Thomas Rosenlöcher, Ich sitze in Sachsen und Schau in den Schnee. 77 Gedichte. © Suhrkamp Verlag Frankfurt am Main 1998.

Rafaela Schmakowski, Das Labyrinth · Ein himmlischer Wegweiser. Rechte bei der Autorin.

Anselm Grün/Andrea Schwarz, Und alles lassen, weil er mich nicht lässt. Lebenskultur aus dem Evangelium, S. 157 © Verlag Herder GmbH, Freiburg im Breisgau, 6. Auflage 2000.

Detlef Wendler, Was du suchst, das hast du schon © Kreuz Verlag in der Verlag Herder GmbH, Freiburg im Breisgau 2007.

Notker Wolf/ Robert Haas/ Norbert M. Becker, Wie mit neuen Augen © 2008 Butzon und Bercker GmbH, Kevelaer, S. 22ff, www.bube.de.

Jörg Zink, Atem für die Seele. Vom Beten, Reihe: Eschenbacher LebensArt © 2010 Verlag am Eschbach der Schwabenverlag AG, Eschbach/Markgräflerland.

Bildquellen

© Pavel Drozda/Fotolia.de; © Grethe-Bjerring/pixelio.de; © Bart Everett/shutterstock; © clearviewstock/Fotolia.de; © Dennis_Profi/shutterstock; © Ecoasis/shutterstock; © ecko/pixelio.de; ©Pefkos/Fotolia.de; © Dario Bajurin/Fotolia.de; © nono/Fotolia.de; © Rita Robinson/Fotolia.de; © Steve Holderfield/shutterstock